大学生形势教育

杨文明◎主编

人民东方出版传媒
People's Oriental Publishing & Media
東方出版社
The Oriental Press

图书在版编目（CIP）数据

大学生形势教育 / 杨文明 主编 . — 北京：东方出版社，2023.8
ISBN 978-7-5207-3520-9

Ⅰ. ①大⋯ Ⅱ. ①杨⋯ Ⅲ. ①时事政策教育—高等学校—教材 Ⅳ. ① G641.41

中国国家版本馆 CIP 数据核字（2023）第 113933 号

大学生形势教育
（DAXUESHENG XINGSHI JIAOYU）

作　　者：杨文明 主编
责任编辑：王学彦　申　浩
出　　版：东方出版社
发　　行：人民东方出版传媒有限公司
地　　址：北京市东城区朝阳门内大街 166 号
邮　　编：100010
印　　刷：武汉市新华印刷有限责任公司
版　　次：2023 年 8 月第 1 版
印　　次：2023 年 8 月第 1 次印刷
开　　本：880 毫米 ×1230 毫米　1/16
印　　张：12.75
字　　数：203 千字
书　　号：ISBN 978-7-5207-3520-9
定　　价：38.00 元
发行电话：（010）85924663　85924644　85924641

如有印装质量问题，我社负责调换，请拨打电话：（010）85924602　85924603

《大学生形势教育》编委会

序　言

2023 年新年伊始，习近平总书记在通过中央广播电视总台和互联网发表的新年贺词中对新时代的中国青年寄予热忱期望，指出：“青年兴则国家兴，中国发展要靠广大青年挺膺担当。年轻充满朝气，青春孕育希望。广大青年要厚植家国情怀、涵养进取品格，以奋斗姿态激扬青春，不负时代，不负华年。”

在刚刚过去的 2022 年，党和国家事业历经风雨又取得了来之不易的辉煌成就，特别是胜利召开党的二十大，擘画了全面建设社会主义现代化国家、以中国式现代化全面推进中华民族伟大复兴的宏伟蓝图，吹响了奋进新征程的时代号角。包括所有高等院校大学生在内的当代中国青年正生逢其时。全面建设社会主义现代化强国为广大青年提供了施展才干的更加广阔的舞台，实现人生梦想的前景也更加璀璨光明。

广大青年、广大在校大学生追梦圆梦实现美好生活的理想，需要深刻把握我们所处的这个时代正在发生的巨大变化，需要深刻认识我们国家的发展战略和行动路线，需要深刻认识我党的历史、中华人民共和国的历史、改革开放的历史、社会主义发展史以及中华民族伟大而深厚的发展史。以史为镜，知时明势，才能更好地把握主动、开创未来。因此，对于广大大学生来说，科学地把握国家发展大势，准确地认识形势政策，牢固树立正确的世界观、人生观、价值观和历史观，尤为关键。对于广大高校思政课教育工作者来说，有一本好的、权威的图书《大学生形势教育》十分重要。

正是出于这样的目的，本书编写组承继一贯的专家学者优势、严谨细致的治学作风、清新亲和的写作文风，在新的学期，向大学生读者奉献出新的《大学生形势教育》。

在这次编写过程中，编撰者深入学习和领会习近平新时代中国特色社会主义思想，认真研学党的二十大精神，按照教育部办公厅印发的《高校“形势与政策”课教学要点（2023 年上辑）》，以党的二十大精神为主题和主线，精心设计专题，精心组织撰写，围绕新时代新征程坚持和发展中国特色社会主义重大理论和实践问题，聚焦在校大学生热切关心的国内国际形势变化、国家发展的战略规划和大政方针，以及自身成长过程中面对的现实热点、难点问题，深入浅出地进行解读，入情入理地展开分析，情真意切地予以引导，目的就是帮助广大在校大学生掌握党的创新理论的世界观和方法论，持续激发青年学生青春向党、不负人民的爱党爱国热情，在全面建设社会主义现代化国家新征程中勇当开路先锋、争当事业闯将，立志做有理想、敢担当、能吃苦、肯奋斗的新时代好青年，让青春在全面建设社会主义现代化国家的火热实践中绽放绚丽之花。

2023 年是我们深入贯彻落实党的二十大精神、全面建设社会主义现代化国家开局起步的关键之年。我们诚挚希望这样一本教材能够令广大读者开卷有益，多有收获，不断进步。

谨以为序。

编　者

目录 CONTENTS

专题一

深刻领悟“两个确立”的决定性意义

知识要点

新时代十年来，党和国家事业取得历史性成就、发生历史性变革，推动我国迈上全面建设社会主义现代化国家新征程。2022 年 10 月，习近平总书记在党的二十大报告中指出，新时代十年的伟大变革，在党史、新中国史、改革开放史、社会主义发展史、中华民族发展史上具有里程碑意义。新时代十年的伟大变革，主要归功于“两个确立”，即确立习近平同志党中央的核心、全党的核心地位，确立习近平新时代中国特色社会主义思想的指导地位。“两个确立”是党的十八大以来最重大的政治成果，是历史的必然和人民的选择，是夺取新征程新胜利的根本保证。以党的二十大为标志，党的中心任务就是团结带领全国各族人民全面建成社会主义现代化强国、实现第二个百年奋斗目标，以中国式现代化全面推进中华民族伟大复兴。中国式现代化是中国共产党领导的社会主义现代化，是具有中国特色、符合中国实际的现代化，是实现中华民族伟大复兴的光明大道。

新时代十年的伟大变革具有里程碑意义

中国特色社会主义进入新时代，谱写了经济快速发展、社会长期稳定两大奇迹的崭新篇章。习近平总书记在党的二十大报告中系统总结了新时代十年的伟大变革，深刻指出：十年来，党中央团结带领全党全军全国各族人民，“采取一系列战略性举措，推进一系列变革性实践，实现一系列突破性进展，取得一系列标志性成果，经受住了来自政治、经济、意识形态、自然界等方面的风险挑战考验，党和国家事业取得历史性成就、发生历史性变革，推动我国迈上全面建设社会主义现代化国家新征程”。这对深入理解和领会新时代十年的伟大成就和历史意义，具有重要指导作用。

一、新时代十年的伟大变革

新时代十年，党和国家事业取得历史性成就、发生历史性变革，其突出体现在以下方面。

（1）创立了习近平新时代中国特色社会主义思想，明确坚持和发展中国特色社会主义的基本方略，提出一系列治国理政新理念新思想新战略，实现了马克思主义中国化时代化新的飞跃，坚持不懈用这一创新理论武装头脑、指导实践、推动工作，为新时代党和国家事业发展提供了根本遵循。

（2）全面加强党的领导，明确中国特色社会主义最本质的特征是中国共产党领导，中国特色社会主义制度的最大优势是中国共产党领导，中国共产党是最高政治领导力量，坚持党中央集中统一领导是最高政治原则，系统完善党的领导制度体系，全党增强“四个意识”，自觉在思想上政治上行动上同党中央保持高度一致，不断提高政治判断力、政治领悟力、政治执行力，确保党中央权威和集中统一领导，确保党发挥总揽全局、协调各方的领导核心作用，中国共产党更加团结统一。

（3）对新时代党和国家事业发展作出科学完整的战略部署，提出实现中华民族伟大复兴的中国梦，以中国式现代化推进中华民族伟大复兴，统揽伟大斗争、伟大工程、伟大事业、伟大梦想，明确“五位一体”总体布局和“四个全面”战略布局，确定稳中求进工作总基调，统筹发展和安全，明确我国社会主要矛盾是人民日益增长的美好生活需要和不平衡不充分的发展之间的矛盾，并紧紧围绕这个社会主要矛盾推进各项工作，不断丰富和发展人类文明新形态。

（4）全面建成小康社会。实现了小康这个中华民族的千年梦想，我国发展站在了更高历史起点上。我国坚持精准扶贫、尽锐出战，打赢了人类历史上规模最大的脱贫攻坚战，全国 832 个贫困县全部摘帽，近 1 亿农村贫困人口实现脱贫，960 多万贫困人口实现易地搬迁，历史性地解决了绝对贫困问题，为全球减贫事业作出了重大贡献。

（5）提出并贯彻新发展理念，着力推进高质量发展，推动构建新发展格局，实施供给侧结构性改革，制定一系列具有全局性意义的区域重大战略，我国经济实力实现历史性跃升。国内生产总值从 54 万亿元增长到 114 万亿元，我国经济总量占世界经济的比重达 18.5%，提高 7.2 个百分点，稳居世界第二位；人均国内生产总值从 3.98 万元增加到 8.1 万元。谷物总产量稳居世界首位，14 亿多人的粮食安全、能源安全得到有效保障。城镇化率提高 11.6 个百分点，达到 64.7%。制造业规模、外汇储备稳居世界第一。建成世界最大的高速铁路网、高速公路网，机场港口、水利、能源、信息等基础设施建设取得重大成就。加快推进科技自立自强，全社会研发经费支出从 1 万亿元增加到 2.8 万亿元，居世界第二位，研发人员总量居世界首位。基础研究和原始创新不断加强，一些关键核心技术实现突破，战略性新兴产业发展壮大，载人航天、探月探火、深海深地探测、超级计算机、卫星导航、量子信息、核电技术、新能源技术、大飞机制造、生物医药等均取得重大成果，进入创新型国家行列。

（6）全面深化改革，打响改革攻坚战，加强改革顶层设计，敢于突进深水区，敢于啃硬骨头，敢于涉险滩，敢于面对新矛盾新挑战，冲破思想观念束缚，突破利益固化藩篱，坚决破除各方面体制机制弊端，各领域基础性制度框架基本建立，许多领域实现历史性变革、系统性重塑、整体性重构，新一轮党和国家机构改革全面完成，中国特色社会主义制度更加成熟更加定型，国家治理体系和治理能力现代化水平明显提高。

（7）实行更加积极主动的开放战略，构建面向全球的高标准自由贸易区网络，加快推进自由贸易试验区、海南自由贸易港建设，共建“一带一路”成为深受欢迎的国际公共产品和国际合作平台。我国成为 140 多个国家和地区的主要贸易伙伴，货物贸易总额居世界第一，吸引外资和对外投资居世界前列，形成更大范围、更宽领域、更深层次对外开放格局。

（8）坚持走中国特色社会主义政治发展道路，全面发展全过程人民民主，社会主义民主政治制度化、规范化、程序化全面推进，社会主义协商民主广泛开展，人民当家作主更为扎实，基层民主活力增强，爱国统一战线巩固拓展，民族团结进步呈现新气象，党的宗教工作基本方针得到全面贯彻，人权得到更好保障。社会主义法治国家建设深入推进，全面依法治国总体格局基本形成，中国特色社会主义法治体系加快建设，司法体制改革取得重大进展，社会公平正义保障更为坚实，法治中国建设开创新局面。

（9）确立和坚持马克思主义在意识形态领域指导地位的根本制度，新时代党的创新理论深入人心，社会主义核心价值观广泛传播，中华优秀传统文化得到创造性转化、创新性发展，文化事业日益繁荣，网络生态持续向好，意识形态领域形势发生全局性、根本性转变。青年一代更加积极向上，全党全国各族人民文化自信明显增强、精神面貌更加奋发昂扬。

（10）深入贯彻以人民为中心的发展思想，在幼有所育、学有所教、劳有所得、病有所医、老有所养、住有所居、弱有所扶上持续用力，人民生活全方位改善。人均预期寿命增长到 78.2 岁。居民人均可支配收入从 1.65 万元增加到 3.5 万元。城镇新增就业年均 1300 万人以上。建成世界上规模最大的教育体系、社会保障体系、医疗卫生体系，教育普及水平实现历史性跨越，基本养老保险覆盖 10.4 亿人，基本医疗保险参保率稳定在 95%。及时调整生育政策。改造棚户区住房 4200 多万套，改造农村危房 2400 多万户，城乡居民住房条件明显改善。互联网上网人数达 10.3 亿人。人民群众获得感、幸福感、安全感更加充实、更有保障、更可持续，共同富裕取得新成效。

（11）坚持绿水青山就是金山银山的理念，坚持山水林田湖草沙一体化保护和系统治理，全方位、全地域、全过程加强生态环境保护，生态文明制度体系更加健全，污染防治攻坚向纵深推进，绿色、循环、低碳发展迈出坚实步伐，生态环境保护发生历史性、转折性、全局性变化，我们的祖国天更蓝、山更绿、水更清。

（12）贯彻总体国家安全观，国家安全领导体制和法治体系、战略体系、政策体系不断完善，在原则问题上寸步不让，以坚定的意志品质维护国家主权、安全、发展利益，国家安全得到全面加强。共建共治共享的社会治理制度进一步健全，民族分裂势力、宗教极端势力、暴力恐怖势力得到有效遏制，扫黑除恶专项斗争取得阶段性成果，有力应对一系列重大自然灾害，平安中国建设迈向更高水平。

（13）深入推进全面从严治党，坚持打铁必须自身硬，从制定和落实中央八项规定开局破题，提出和落实新时代党的建设总要求，以党的政治建设统领党的建设各项工作，坚持思想建党和制度治党同向发力，严肃党内政治生活，持续开展党内集中教育，提出和坚持新时代党的组织路线，突出政治标准选贤任能，加强政治巡视，形成比较完善的党内法规体系，推动全党坚定理想信念、严密组织体系、严明纪律规矩。持之以恒正风肃纪，以钉钉子精神纠治“四风”，反对特权思想和特权现象，坚决整治群众身边的不正之风和腐败问题，刹住了一些长期没有刹住的歪风，纠治了一些多年未除的顽瘴痼疾。同时，开展了史无前例的反腐败斗争，以“得罪千百人、不负十四亿”的使命担当祛疴治乱，不敢腐、不能腐、不想腐一体推进，“打虎”“拍蝇”“猎狐”多管齐下，反腐败斗争取得压倒性胜利并全面巩固，消除了党、国家、军队内部存在的严重隐患，确保党和人民赋予的权力始终用来为人民谋幸福。经过不懈努力，党找到了自我革命这一跳出治乱兴衰历史周期率的第二个答案，自我净化、自我完善、自我革新、自我提高能力显著增强，管党治党宽松软状况得到根本扭转，风清气正的党内政治生态不断形成和发展，确保党永远不变质、不变色、不变味。

除上述13个方面外，新时代军队和国防建设、“一国两制”实践、中国特色大国外交等也都取得了历史性成就。人民军队体制一新、结构一新、格局一新、面貌一新，现代化水平和实战能力显著提升，中国特色强军之路越走越宽广；推动香港进入由乱到治走向由治及兴的新阶段，香港、澳门保持长期稳定发展良好态势，坚决反对“台独”分裂行径，坚决反对外部势力干涉，牢牢把握两岸关系主导权和主动权；推动构建人类命运共同体，展现负责任大国担当，赢得广泛国际赞誉，我国国际影响力、感召力、塑造力显著提升。

二、伟大变革的里程碑意义

新时代十年的历史性成就与伟大变革来之不易。这十年，国际上风云激荡，百年未有之大变局加速演进，世界进入新的动荡变革期；突如其来的新冠肺炎疫情，给全球经济发展、社会生活、国际关系带来巨大冲击，全球经济处于低迷状态；一些西方国家担心我国发展会威胁其中心地位、霸权地位，疯狂对我国进行全领域打压、全球性围堵，四处滋事，我国国家安全受到严重挑战。从国内看，十年前我国经济结构性体制性矛盾突出，发展不平衡、不协调、不可持续，传统发展模式难以为继，一些深层次体制机制问题和利益固化藩篱日益显现；民生保障存在不少薄弱环节，资源环境约束趋紧、环境污染等问题突出；维护国家安全制度不完善、应对各种重大风险能力不强，国家安全受到严峻挑战，等等。对此，新时代十年的伟大变革，在党史、新中国史、改革开放史、社会主义发展史、中华民族发展史上具有里程碑意义。这个里程碑意义体现在哪，又该怎样理解呢？概括起来，可以从五个方面加以把握和认识。

第一，在新时代的伟大变革锻造中，中华民族伟大复兴的坚强领导核心——中国共产党更加坚强有力。深入推进全面从严治党中，中国共产党找到了自我革命这一跳出治乱兴衰历史周期率的第二个答案，使我们党更加坚强有力、更加团结统一、更加充满生机活力，党的政治领导力、思想引领力、群众组织力、社会号召力显著增强，党同人民群众始终保持血肉联系。特别是形成了以习近平同志为核心的党中央权威和集中统一领导，成为风雨来袭时中国人民最可靠的主心骨。这为实现第二个百年奋斗目标、实现中华民族伟大复兴提供了重要政治保证。

第二，新时代十年的伟大变革推动中华民族伟大复兴进入不可逆转的历史进程。党的百年奋斗开辟了实现中华民族伟大复兴的正确道路，中华民族迎来了从站起来、富起来到强起来的伟大飞跃。新时代十年，我们不仅胜利实现第一个百年奋斗目标，而且成功推进和拓展了中国式现代化，让中国特色社会主义制度更加成熟、更加定型。这为实现中华民族伟大复兴提供了更为坚实的物质基础、更为完善的制度保证、更为主动的精神力量，使中华民族伟大复兴进程不可逆转。

第三，新时代十年的伟大变革前所未有地增强了中国人民的自尊心、自信心、自豪感。党的百年奋斗从根本上改变了中国人民的前途命运。新时代十年的伟大成就，特别是如期全面建成小康社会、实现中华民族千年梦想，极大增强了中华民族的自信心自豪感，极大增强了中国人民对中国特色社会主义的道路自信、理论自信、制度自信、文化自信，极大增强了中国人民的志气、骨气、底气，全体人民空前团结、万众一心，信心百倍、平视世界，前进动力更加强大、奋斗精神更加昂扬、必胜信念更加坚定，焕发出更为强烈的历史主动精神、历史创造精神。这为实现中华民族伟大复兴筑就了坚不可摧的铜墙铁壁。

第四，新时代十年的伟大变革为世界和平与发展注入强大正能量。中国共产党的百年奋斗深刻影响了世界历史进程。新时代十年，中国日益走近世界舞台中央。中国对全球经济增长的贡献率年均达 30% 左右，对全球减贫贡献率超过 70%，构建人类命运共同体理念得到国际社会广泛赞同，成为全球生态文明建设的主要引擎，“一带一路”等公共产品为全球发展提供强大动力。中国倡导和践行全人类共同价值，主持国际公道，坚决反对霸权主义和强权政治，有力维护发展中国家利益。中国成功推进和拓展了超越西方现代化逻辑的中国式现代化，创造了物质文明、政治文明、精神文明、社会文明、生态文明协调发展的人类文明新形态，为广大发展中国家提供了全新选择。总之，中国为解决人类面临的共同问题提供了更多更好的中国智慧、中国方案、中国力量。

第五，新时代十年的伟大变革彰显了马克思主义的强大生命力。党的百年奋斗的重大成就、新时代十年的伟大变革充分证明，中国共产党为什么能，中国特色社会主义为什么好，归根到底是马克思主义行，是中国化时代化的马克思主义行。习近平新时代中国特色社会主义思想，把马克思主义基本原理同中国具体实际相结合、同中华优秀传统文化相结合，提出了一系列原创性的治国理政新理念新思想新战略，是当代中国马克思主义、21 世纪马克思主义，为新时代党和国家事业发展提供了根本遵循，推动马克思主义在 21 世纪的中国焕发出新的蓬勃生机，开辟了马克思主义发展新境界。这极大增强了中国共产党和中国人民坚持和发展中国特色社会主义的信念，增强了世界各国人民对社会主义运动的信心。

新时代十年的伟大变革，铸就了一座历史的巍巍丰碑，谱写了中国特色社会主义更加绚丽的华章，为全面建设社会主义现代化国家，全面推进中华民族伟大复兴奠定了更为坚实的政治基础、思想基础、物质基础、制度基础。新时代十年的伟大变革，定将彪炳史册，光耀千秋。

“两个确立”是夺取新征程新胜利的根本保证

万山磅礴看主峰，大海航行看灯塔。党的十九届六中全会通过的《中共中央关于党的百年奋斗重大成就和历史经验的决议》深刻指出：“党确立习近平同志党中央的核心、全党的核心地位，确立习近平新时代中国特色社会主义思想的指导地位，反映了全党全军全国各族人民共同心愿，对新时代党和国家事业发展、对推进中华民族伟大复兴历史进程具有决定性意义。”“两个确立”是党的十八大以来最重大的政治成果，是历史的必然和人民的选择，是夺取新征程新胜利的根本保证。

命是国家的 但心是你的.

一、“两个确立”是历史必然和人民的选择

马克思主义政党一贯强调领导核心的重大作用，始终注重科学理论的指导地位。邓小平同志曾深刻指出：“任何一个领导集体都要有一个核心，没有核心的领导是靠不住的。”[①] 中国共产党的百年奋斗充分证明，坚强的领导核心和科学的理论指导是关系党和国家前途命运、党和人民事业兴衰成败的根本性问题。

新民主主义革命早期，党的事业屡遭挫折甚至面临失败的危险，其重要原因在于没有形成一个成熟的党中央领导核心。遵义会议之所以成为党的历史上一个生死攸关的转折点，是因为这次会议事实上确立了毛泽东同志在党中央和

① 《邓小平文选》第三卷，人民出版社 1993 年版，第 310 页。

红军的领导地位，开始确立以毛泽东同志为主要代表的马克思主义正确路线在党中央的领导地位，开始形成以毛泽东同志为核心的党的第一代中央领导集体。从此，中国革命事业转危为安，不断走向胜利。一百多年来，每到紧要关头、每临严峻考验，党的领导核心都能带领全党力挽狂澜，推动党和人民事业破浪前行。

一个民族要走在时代前列，就一刻不能没有理论思维，一刻不能没有正确思想指引。在近代遭受前所未有劫难的中华民族之所以能找到正确道路，从沉沦的谷底奋起，扭转自己的历史命运，是因为“中国人学得了一样新的东西，这就是马克思列宁主义”[①]。由马克思主义先进思想孕育催生、肩负民族复兴历史使命的中国共产党，须臾离不开科学理论指导。正是因为确立了毛泽东思想的指导地位，中国共产党才能克服右倾机会主义、“左”倾教条主义等错误，推动革命事业胜利前进；正是因为确立了中国特色社会主义理论体系的指导地位，中国共产党才能领导人民创造改革开放和社会主义现代化建设的伟大成就，开创中国特色社会主义伟大事业。

一个明显的道理：如此大的一个党、如此大的一个国家，要克服重重艰难险阻，实现中华民族伟大复兴，必须有坚强的领导核心，必须有科学的指导思想。党的十八大以来，党面临形势环境的复杂性和严峻性、肩负任务的繁重性和艰巨性世所罕见、史所罕见。正是因为有习近平总书记掌舵领航，全党才有了顶梁柱，14 亿多中国人民才有了主心骨；正是因为有习近平新时代中国特色社会主义思想科学指引，全党全国各族人民才有了思想上的“定盘星”、行动上的“指南针”。“两个确立”，是深刻总结中国共产党由小到大、由弱到强的百年奋斗历程得出的必然结论，是历史的选择。

民心是最大的政治，“两个确立”是民心所向。党的十八大以来，中国走

---

① 《毛泽东选集》第四卷，人民出版社 1991 年版，第 1514 页。

过了极不平凡的历程，全国各族人民都是党和国家事业发展的参与者、见证者。面对种种风险挑战乃至惊涛骇浪，以习近平同志为核心的党中央出台一系列重大方针政策，推出一系列重大举措，推进一系列重大工作，战胜一系列重大风险挑战，解决了许多长期想解决而没有解决的难题，办成了许多过去想办而没有办成的大事，交出了一份人民满意、世界瞩目、可以载入史册的优异答卷。全面建成小康社会目标如期实现，党和国家事业取得历史性成就、发生历史性变革，彰显了中国特色社会主义的强大生机活力，党心军心民心空前凝聚振奋，为实现中华民族伟大复兴提供了更为完善的制度保证、更为坚实的物质基础、更为主动的精神力量。

无数事实一再证明，新时代民族复兴伟业之所以能按下“快进键”、跑出“加速度”，是因为习近平总书记以马克思主义政治家、思想家、战略家的恢宏气魄、远见卓识、雄韬伟略，在惊涛骇浪中坚如磐石，在风险挑战中运筹帷幄，从容驾驭各种复杂局面，有效应对国内外各种风险挑战。有习近平总书记这样的领路人，是党和国家之幸、人民之幸、中华民族之幸；有习近平总书记掌舵领航，中华“复兴”号巨轮必将无惧风雨、劈波斩浪，驶向光辉的未来。习近平总书记作为党中央的核心、全党的核心，赢得了全党全军全国各族人民的衷心爱戴。

中国人民深刻体悟到，习近平新时代中国特色社会主义思想是推动新时代党和国家事业不断向前发展的科学指南，是引领中国、影响世界的当代中国马克思主义、21世纪马克思主义。习近平新时代中国特色社会主义思想作为党的指导思想，赢得了全党全军全国各族人民的高度认同。正是从这个意义上说，“两个确立”顺应民心、体现民意，反映了全党全军全国各族人民共同心愿，是人民的选择。

时代是出卷人，中国共产党是答卷人，人民是阅卷人。一个政党、一个国家、一个民族的发展就是不断破解重大时代课题的过程。党的领导核心，正是在解决时代课题中彰显掌舵领航的重大作用；党的科学理论，正是在回答时代之问中彰显科学指引的重大作用。

党的十八大以来，中国特色社会主义进入新时代，这是我国发展新的历史方位。新的历史方位蕴含着新的时代课题，对中国共产党提出新的挑战。当今世界百年未有之大变局加速演进，不稳定性不确定性显著上升，个别国家奉行单边主义、保护主义、霸权主义、强权政治，对我国进行各种围堵、打压、捣乱、颠覆活动，使我国发展的外部环境更趋复杂严峻。中华民族伟大复兴正处于关键时期，国内改革发展稳定任务繁重艰巨，要应对国内外各种风险和考验，要求我们敢于啃硬骨头、涉险滩，时刻准备应对重大挑战、抵御重大风险、克服重大阻力、解决重大矛盾。答好新时代的考卷，迫切需要党的领导核心掌舵领航，团结带领全党全军全国各族人民进行具有许多新的历史特点的伟大斗争；迫切需要科学理论指引方向，牢牢把握历史大势和时代潮流，掌握党和国家事业发展的历史主动。

进入新时代以来，以习近平同志为核心的党中央以伟大的历史主动精神、巨大的政治勇气、强烈的责任担当，统揽伟大斗争、伟大工程、伟大事业、伟大梦想，推动党和国家事业取得历史性成就、发生历史性变革。取得这样的伟大成就殊为不易，其难度之大、历程之艰、效果之著、影响之广，在党的历史上、新中国发展史上、中华民族发展史上乃至世界历史上都很少见。

在新时代中国特色社会主义事业砥砺奋进中，习近平总书记充分展现了大党大国领袖的政治智慧、战略定力、使命担当、为民情怀、领导艺术；习近平新时代中国特色社会主义思想充分彰显了真理力量和实践伟力。“两个确立”，正是在新时代进行具有许多新的历史特点的伟大斗争中形成的，是人民和时代的选择。

二、“两个确立”是实现中华民族伟大复兴的重要政治保证

实现中华民族伟大复兴，是近代以来中华民族最伟大的梦想。党的十八大以来，在以习近平同志为核心的党中央坚强领导下，在习近平新时代中国特色社会主义思想科学指引下，中国实现了第一个百年奋斗目标，在中华大地上全面建成小康社会，实现中华民族伟大复兴进入不可逆转的历史进程。

今天，我们比历史上任何时期都更接近、更有信心和能力实现中华民族伟大复兴的目标，同时必须准备付出更为艰巨、更为艰苦的努力。

在党的二十大报告中，习近平总书记强调指出：“从现在起，中国共产党的中心任务就是团结带领全国各族人民全面建成社会主义现代化强国、实现第二个百年奋斗目标，以中国式现代化全面推进中华民族伟大复兴。”那么，靠什么保证中华民族伟大复兴目标的顺利实现呢？从根本上来说，“两个确立”就是实现中华民族伟大复兴的重要政治保证。

没有中国共产党，就没有中华民族伟大复兴。中国共产党要在新时代坚持和发展中国特色社会主义的进程中始终成为坚强领导核心，必须坚持党的全面领导，坚持全面从严治党，不断提高党的政治领导力、思想引领力、群众组织力、社会号召力。进入新时代后，中国共产党清醒认识到，管党治党宽松软带来了党内消极腐败现象蔓延、政治生态出现严重问题，党群干群关系受到损害，党的创造力、凝聚力、战斗力受到削弱，我党治国理政面临重大考验。正是因为党确立了习近平同志党中央的核心、全党的核心地位，党中央权威和集中统一领导才得到有力保证，党的领导制度体系得以不断完善，党的领导方式变得更加科学，管党治党宽松软状况得到根本扭转，反腐败斗争取得压倒性胜利并全面巩固，消除了党、国家、军队内部存在的严重隐患，党在新时代革命性锻造中更加坚强。

党的十八大后，党和国家事业发展面临一系列重大理论和实践问题。如果不能科学回答这些中国之问、世界之问、人民之问、时代之问，开辟马克思主义中国化新境界，新时代的伟大斗争就会缺乏科学理论指引，中国共产党就难以把握历史发展规律和大势，难以始终掌握党和国家事业发展的历史主动。习近平新时代中国特色社会主义思想提出一系列原创性的治国理政新理念新思想新战略，科学回答了新时代坚持和发展什么样的中国特色社会主义、怎样坚持和发展中国特色社会主义，建设什么样的社会主义现代化强国、怎样建设社会主义现代化强国，建设什么样的长期执政的马克思主义政党、怎样建设长期执政的马克思主义政党等重大时代课题。习近平新时代中国特色社会主义思想是当代中国马克思主义、21 世纪马克思主义，是中华文化和中国精神的时代精华，实现了马克思主义中国化新的飞跃，实现了党的指导思想的与时俱进。

可以说，“两个确立”是党的十八大以来最重要的政治成果，使全党思想上更加统一、政治上更加团结、行动上更加一致，党的自我净化、自我完善、自我革新、自我提高能力显著增强。

当前，中华民族伟大复兴曙光在前，但也必须清醒认识到，这不是轻轻松松、敲锣打鼓就能实现的，也绝不是一马平川、朝夕之间就能到达的，前进道路上仍然存在可以预料和难以预料的各种风险挑战。

船到中流浪更急，人到半山路更陡。越是接近中华民族复兴的目标，可能遇到的阻力和压力就会越大，面临的外部风险就会越多。党的十八大以来，中国共产党战胜一系列重大风险挑战，推动中国特色社会主义事业进入新的历史阶段。这充分展现了习近平总书记作为党的核心、人民领袖、军队统帅的深刻洞察能力、科学决策能力、高超驾驭能力；充分证明了以习近平同志为核心的党中央具有无比坚强的领导力，是风雨来袭时中国人民最可靠的主心骨；充分践行了习近平新时代中国特色社会主义思想是实现中华民族伟大复兴的行动指南。

事实表明，党确立习近平同志党中央的核心、全党的核心地位，中华民族伟大复兴就有了坚强政治保证；党确立习近平新时代中国特色社会主义思想的指导地位，中华民族伟大复兴就有了科学理论指引。只要全国人民更加紧密地团结在以习近平同志为核心的党中央周围，全面贯彻习近平新时代中国特色社会主义思想，就能把握历史发展规律和大势，朝着历史前进的方向行进，在时代发展的潮流中发展，牢牢掌握党和国家事业发展的历史主动，全面建成社会主义现代化强国，最终实现中华民族伟大复兴。

实现中华民族伟大复兴，是中华民族团结奋斗的最大公约数和最大同心圆。实现中华民族伟大复兴，最深沉的根基在中国人民之中，最深厚的力量在中国人民心中，党必须团结带领全国各族人民攻坚克难、不懈奋斗。中华民族是具有伟大创造精神、伟大奋斗精神、伟大团结精神、伟大梦想精神的民族，只要有坚强领导核心、有科学理论指引，就能迸发出排山倒海的历史伟力，战胜前进道路上一切艰难险阻。

进入新时代以来，中国共产党和中国人民之所以能够战胜一系列风险挑战，不断夺取伟大斗争新胜利，一个根本原因就在于“两个确立”把全党全国各族人民紧密团结起来，形成万众一心、无坚不摧的磅礴力量。以习近平同志为核心的党中央把让老百姓过上好日子作为一切工作的出发点和落脚点，不断满足人民对美好生活的向往。中国人民从新时代党和国家事业发展中深切感受到习近平总书记“我将无我，不负人民”的崇高情怀，深切感受到习近平新时代中国特色社会主义思想坚持以人民为中心，是为了人民、造福人民的科学理论。不断增强的获得感、幸福感、安全感，让全国各族人民对习近平总书记衷心拥戴，更加紧密地团结在以习近平同志为核心的党中央周围；对习近平新时代中国特色社会主义思想笃信笃行，沿着这一思想指引的方向勇毅前行。

全党必须深刻认识“两个确立”的决定性意义，坚定信心、锐意进取，主动识变应变求变，主动防范化解风险，把全国各族人民动员起来、团结起来、凝聚起来，汇聚起实现中华民族伟大复兴的磅礴力量，不断夺取全面建设社会主义现代化国家新胜利。

三、把“两个确立”转化为奋进新征程的强大力量

坚决维护习近平总书记党中央的核心、全党的核心地位，更加坚定自觉地用习近平新时代中国特色社会主义思想武装头脑，决定中国道路方向，决定党和人民事业的成败，决定党的兴衰，决定国家和民族的前途命运。

在全面建设社会主义现代化国家的新征程上，全党要进一步统一思想、统一意志、统一行动，始终同以习近平同志为核心的党中央保持高度一致，忠诚核心、拥戴核心、维护核心、捍卫核心，不断夺取新时代中国特色社会主义新的伟大胜利。

一是必须在思想上高度认同核心。思想是行动的先导，有思想上的高度认同，才有政治上的绝对忠诚、行动上的坚决维护。这就要求必须不断加深对“两个确立”决定性意义的认识，切实把“两个确立”转化为坚决做到“两个维护”的思想自觉。紧密联系党的十八大以来党和国家事业砥砺奋进的理论和实践，深入体悟习近平总书记作为马克思主义政治家、思想家、战略家的非凡理论勇气、卓越政治智慧、强烈使命担当，深入体悟习近平总书记“我将无我，不负人民”的赤子情怀，深刻认识习近平总书记是经过历史检验、实践考验、斗争历练的当之无愧的党的核心，是赢得全党全国各族人民衷心拥护爱戴的人民领袖，是实现中华民族伟大复兴的领路人。学懂弄通做实习近平新时代中国特色社会主义思想，坚持全面系统学、及时跟进学、深入思考学、联系实

际学，深刻领会这一思想的核心要义、精神实质、丰富内涵、实践要求，深刻理解这一思想贯穿的马克思主义立场观点方法，深刻把握这一思想对共产党执政规律、社会主义建设规律、人类社会发展规律认识的深化，切实把思想和行动统一到习近平新时代中国特色社会主义思想上来，更加自觉地用这一思想武装头脑、指导实践、推动工作。

二是必须在政治上绝对忠诚核心。中国共产党之所以能够历经百年沧桑依旧风华正茂，最重要的原因，是始终坚持忠诚维护党的领导核心这一优良传统和独特政治优势。这就要求我们必须旗帜鲜明讲政治，坚持以党的政治建设为统领，把坚持党的政治领导和做到“两个维护”放在首位，在政治上绝对忠诚核心。忠诚核心不是抽象的而是具体的，不是有条件的而是无条件的，必须一心一意、一以贯之，必须表里如一、知行合一。自觉加强党性修养、加强政治历练，善于把握政治大局、政治逻辑，把准政治方向，夯实政治根基，涵养政治生态，严肃党内政治生活，严明政治纪律和政治规矩，防范政治风险，永葆政治本色，提高政治能力，做政治上的明白人，始终在政治立场、政治方向、政治原则、政治道路上同以习近平同志为核心的党中央保持高度一致。只要在政治上绝对忠诚核心，紧密团结在以习近平同志为核心的党中央周围，就能把中国共产党团结凝聚成“一块坚硬的钢铁”，心往一处想、劲往一处使，团结一致向前进。

三是必须在行动上坚决维护核心。做到“两个维护”，要在实际行动上见真章、求实效。要切实把“两个确立”转化为坚决做到“两个维护”的行动自觉。踏上新征程，既有难得的历史机遇，又面临前所未有的风险挑战。这就要求我们必须坚持以习近平新时代中国特色社会主义思想为指导，一切行动听从以习近平同志为核心的党中央指挥，自觉做到党中央提倡的坚决响应，党中央决定的坚决执行，党中央禁止的坚决不做，不讲条件、不打折扣、不搞变通。

完善落实“两个维护”的制度，把“两个维护”体现到各项制度规定中。牢记中国共产党是什么、要干什么这个根本问题，更加紧密地团结在以习近平同志为核心的党中央周围，全面贯彻习近平新时代中国特色社会主义思想，埋头苦干、勇毅前行，为实现第二个百年奋斗目标、实现中华民族伟大复兴的中国梦而不懈奋斗。

新时代的今天，中国人民已踏上了新征程，并信心满满地全面建设社会主义现代化强国，以中国式现代化推进中华民族伟大复兴。这是一个十分艰辛而伟大的工程，需要付出更大的艰辛才能赢得更加伟大的胜利和荣光，“两个确立”是夺取新征程新胜利的根本保证，具有决定性意义。

以中国式现代化全面推进中华民族伟大复兴

建设一个现代化国家，是近代以来先进中国人孜孜以求的奋斗目标。但是，从清末洋务派到国民党政府，他们所推行的现代化都是学习西方旧道路，最终无不以失败而告终，旧中国长期处于贫穷落后的地位。直到新中国成立后，在中国共产党领导下，经过长期的探索和实践，成功开辟了一条中国式现代化新道路，推动现代化建设步入快速轨道，取得了前所未有的历史性成就，中华民族面貌、中国人民面貌、中国社会面貌得以根本改变。中国式现代化新道路，是几代中国共产党人不懈奋斗的结晶，是中华民族通往伟大复兴的唯一正确道路。

一、中国式现代化是中华民族伟大复兴的唯一正确道路

建设社会主义现代化强国，实现中华民族伟大复兴，是中华民族的最高利益和根本利益。中国共产党团结带领人民追求民族复兴的历史，也是一部不断探索现代化道路的历史。习近平总书记指出：中国式现代化，是我们为如何唤醒“睡狮”、实现民族复兴这个重大历史课题所给出的答案。

在半殖民地半封建社会的旧中国，要实现现代化是不可能的。新中国的成立和社会主义制度的建立，为实现现代化创造了根本社会条件，奠定了根本政治前提和制度基础。新中国成立初期，为尽快改变我国工业化水平落后的状况，中国共产党明确提出努力把我国建设成为一个具有现代农业、现代工业、

现代国防和现代科学技术的社会主义强国。经过实施几个五年计划，我国建立起独立的比较完整的工业体系和国民经济体系。这一时期我们取得的独创性理论成果和巨大成就，为现代化建设提供了宝贵经验、理论准备、物质基础。

改革开放和社会主义现代化建设新时期，中国共产党作出把党和国家工作中心转移到经济建设上来、实行改革开放的历史性决策，开启了中国式现代化的新长征。如何赶上时代、加快实现现代化？中国共产党一开始就保持着清醒的头脑，并没有像一些发展中国家那样亦步亦趋地跟在西方国家后面简单模仿，而是强调从中国实际出发，走自己的现代化道路。中国共产党大力推进实践基础上的理论创新、制度创新、文化创新以及其他各方面创新，实行社会主义市场经济体制，实现了从生产力相对落后的状态到经济总量跃居世界第二的历史性突破，实现了人民生活从温饱不足到总体小康、奔向全面小康的历史性跨越，为中国式现代化提供了充满新的活力的体制保证和快速发展的物质条件。

党的十八大以来，中国共产党在已有基础上继续前进，围绕解决现代化建设中存在的突出矛盾和问题，全面深化改革，不断实现理论和实践上的创新突破，成功推进和拓展了中国式现代化。中国共产党在认识上不断深化，创立了习近平新时代中国特色社会主义思想，进一步加深对中国式现代化内涵和本质的认识，为中国式现代化提供了根本遵循。中国共产党在战略上不断完善，明确“五位一体”总体布局和“四个全面”战略布局，深入实施科教兴国战略、人才强国战略、乡村振兴战略等一系列重大战略，为中国式现代化提供坚实战略支撑。中国共产党在实践上不断丰富，出台一系列重大方针政策，推出一系列重大举措，推进一系列重大工作，战胜一系列重大风险挑战，特别是消除了绝对贫困问题，全面建成小康社会，推动党和国家事业取得历史性成就、发生历史性变革，为中国式现代化提供了更为完善的制度保证、更为坚实的物质基础、更为主动的精神力量。

历史证明，中国式现代化是中国共产党领导人民长期探索和实践的重大成果，这条路走得通、行得稳，是建设社会主义现代化强国、实现中华民族伟大复兴的唯一正确道路。新时代新征程，中国共产党的中心任务就是团结带领全国各族人民全面建成社会主义现代化强国、实现第二个百年奋斗目标，以中国式现代化全面推进中华民族伟大复兴。

二、中国式现代化是中国共产党领导的社会主义现代化

中国人民之所以能够扭转近代以来的历史命运，探索出中国式现代化道路，最根本在于党的领导。中国共产党领导的社会主义现代化，是对中国式现代化的定性。习近平总书记在学习贯彻党的二十大精神研讨班开班式上发表重要讲话指出："党的领导直接关系中国式现代化的根本方向、前途命运、最终成败。"

党的领导决定中国式现代化的根本性质。党的性质宗旨、初心使命、信仰信念、政策主张决定了中国式现代化是社会主义现代化，而不是别的什么现代化。中国共产党始终高举中国特色社会主义伟大旗帜，坚持和发展中国特色社会主义道路、理论、制度、文化，确保中国式现代化在正确的轨道上顺利推进，为中国式现代化提供科学思想指引、坚强制度保证和强大精神力量。只有毫不动摇坚持党的领导，中国式现代化才能前景光明、繁荣兴盛；否则就会偏离航向、丧失灵魂，甚至犯颠覆性错误。

党的领导确保中国式现代化锚定奋斗目标行稳致远。中国共产党始终坚守初心使命，坚持把远大理想和阶段性目标统一起来，一旦确定目标，就咬定青山不放松，接续奋斗、艰苦奋斗、不懈奋斗。改革开放以来，中国共产党建设

社会主义现代化国家的具体奋斗目标都是循序渐进、一以贯之的，并随着实践的发展而不断丰富完善。进入新时代，中国共产党更加清晰地描绘了全面建设社会主义现代化强国、全面推进中华民族伟大复兴的宏伟蓝图。建设社会主义现代化国家是中国共产党矢志不渝的奋斗目标，必须一代一代地接力推进。

党的领导激发建设中国式现代化的强劲动力。改革开放是决定当代中国命运的关键一招，也是决定中国式现代化成败的关键一招。改革开放后，中国共产党以伟大历史主动精神推进各领域体制改革，让一切劳动、知识、技术、管理和资本的活力竞相迸发。党的十八大以来，中国共产党以巨大政治勇气全面深化改革，坚决破除各方面体制机制弊端，许多领域实现历史性变革、系统性重塑、整体性重构，为中国式现代化注入不竭动力。

党的领导凝聚建设中国式现代化的磅礴力量。现代化的最终目标是实现人自由而全面的发展。中国式现代化是亿万人民自己的事业，人民是中国式现代化的主体，是全面建成社会主义现代化强国的决定性力量。只有紧紧依靠人民，尊重人民创造精神，汇聚全体人民的智慧和力量，才能推动中国式现代化不断向前发展。中国共产党坚持党的群众路线，想问题、作决策、办事情注重把准人民脉搏、回应人民关切、体现人民意愿、增进人民福祉，推动中国式现代化建设成果更多更公平惠及全体人民，让人民以主人翁精神满怀热忱地投入到现代化建设中来，凝聚起全面建设社会主义现代化国家的伟力。

三、中国式现代化的本质要求、基本特征与重大原则

中国共产党和中国人民用自己的心血和智慧，从理论和实践上不断深化对现代化建设规律的探索，成功开创了一条中国式的现代化新道路。这不仅是对中华民族的历史贡献，也是对人类进行现代化道路探索作出的新贡献。

党的二十大集中概括了中国式现代化的本质要求、基本特征与重大原则，初步构建起中国式现代化理论体系，使得中国式现代化更加清晰、更加科学、更加可感可行。同时，中国式现代化本质要求、基本特征与重大原则，也是对推进中国式现代化的最高顶层设计。

关于中国式现代化的本质要求，习近平总书记深刻指出：中国式现代化的本质要求，就是坚持中国共产党领导，坚持中国特色社会主义，实现高质量发展，发展全过程人民民主，丰富人民精神世界，实现全体人民共同富裕，促进人与自然和谐共生，推动构建人类命运共同体，创造人类文明新形态。同时，习近平总书记还提出了全面建成社会主义现代化强国两步走总的战略安排：从2020年到2035年基本实现社会主义现代化；从2035年到本世纪中叶把我国建成富强民主文明和谐美丽的社会主义现代化强国。在这个总体安排下，未来五年的主要目标任务，就是要在经济高质量发展上取得新突破，在科技自立自强能力上显著提升，在构建新发展格局和建设现代化经济体系上取得重大进展。同时，推动改革开放迈出新步伐，国家治理体系和治理能力现代化深入推进，社会主义市场经济体制更加完善，更高水平开放型经济新体制基本形成；全过程人民民主制度化、规范化、程序化水平进一步提高，中国特色社会主义法治体系更加完善；人民精神文化生活更加丰富，中华民族凝聚力和中华文化影响力不断增强；居民收入增长和经济增长基本同步，劳动报酬提高与劳动生产率提高基本同步，基本公共服务均等化水平明显提升，多层次社会保障体系更加健全；城乡人居环境明显改善，美丽中国建设成效显著；国家安全更为巩固，建军一百年奋斗目标如期实现，平安中国建设扎实推进；中国国际地位和影响进一步提高，在全球治理中发挥更大作用。

中国式现代化，是中国共产党领导的社会主义现代化，既有各国现代化的共同特征，更有基于自己国情的中国特色。这些特色主要体现在以下五个方面：

第一，中国式现代化是人口规模巨大的现代化。我国14亿多人口整体迈进现代化社会，规模超过现有发达国家人口的总和，艰巨性和复杂性前所未有，发展途径和推进方式也必然具有自己的特点。我们始终从国情出发想问题、作决策、办事情，既不好高骛远，也不因循守旧，保持历史耐心，坚持稳中求进、循序渐进、持续推进。

第二，中国式现代化是全体人民共同富裕的现代化。共同富裕是中国特色社会主义的本质要求，也是一个长期的历史过程。我们坚持把实现人民对美好生活的向往作为现代化建设的出发点和落脚点，着力维护和促进社会公平正义，着力促进全体人民共同富裕，坚决防止两极分化。

第三，中国式现代化是物质文明和精神文明相协调的现代化。物质富足、精神富有是社会主义现代化的根本要求。物质贫困不是社会主义，精神贫乏也不是社会主义。我们不断厚植现代化的物质基础，不断夯实人民幸福生活的物质条件，同时大力发展社会主义先进文化，加强理想信念教育，传承中华文明，促进物的全面丰富和人的全面发展。

第四，中国式现代化是人与自然和谐共生的现代化。人与自然是生命共同体，无止境地向自然索取甚至破坏自然必然会遭到大自然的报复。我们坚持可持续发展，坚持节约优先、保护优先、自然恢复为主的方针，像保护眼睛一样保护自然和生态环境，坚定不移走生产发展、生活富裕、生态良好的文明发展道路，实现中华民族永续发展。

第五，中国式现代化是走和平发展道路的现代化。我国不走一些国家通过战争、殖民、掠夺等方式实现现代化的老路，那种损人利己、充满血腥罪恶的老路给广大发展中国家人民带来深重苦难。我们坚定站在历史正确的一边、站在人类文明进步的一边，高举和平、发展、合作、共赢旗帜，在坚定维护世界和平与发展中谋求自身发展，又以自身发展更好维护世界和平与发展。

未来五年是全面建设社会主义现代化国家开局起步的关键时期。我国发展进入战略机遇和风险挑战并存、不确定难预料因素增多的时期，各种“黑天鹅”“灰犀牛”事件随时可能发生。我们必须增强忧患意识，坚持底线思维，做到居安思危、未雨绸缪，准备经受风高浪急甚至惊涛骇浪的重大考验。因而，在推进现代化前进的道路上，必须牢牢把握以下五个重大原则。

一是坚持和加强党的全面领导。坚决维护党中央权威和集中统一领导，把党的领导落实到党和国家事业各领域各方面各环节，使党始终成为风雨来袭时全体人民最可靠的主心骨，确保我国社会主义现代化建设正确方向，确保拥有团结奋斗的强大政治凝聚力、发展自信心，集聚起万众一心、共克时艰的磅礴力量。

二是坚持中国特色社会主义道路。坚持以经济建设为中心，坚持四项基本原则，坚持改革开放，坚持独立自主、自力更生，坚持道不变、志不改，既不走封闭僵化的老路，也不走改旗易帜的邪路，坚持把国家和民族发展放在自己力量的基点上，坚持把中国发展进步的命运牢牢掌握在自己手中。

三是坚持以人民为中心的发展思想。维护人民根本利益，增进民生福祉，不断实现发展为了人民、发展依靠人民、发展成果由人民共享，让现代化建设成果更多更公平惠及全体人民。

四是坚持深化改革开放。深入推进改革创新，坚定不移扩大开放，着力破解深层次体制机制障碍，不断彰显中国特色社会主义制度优势，不断增强社会主义现代化建设的动力和活力，把我国制度优势更好转化为国家治理效能。

五是坚持发扬斗争精神。增强全党全国各族人民的志气、骨气、底气，不信邪、不怕鬼、不怕压，知难而进、迎难而上，统筹发展和安全，全力战胜前进道路上各种困难和挑战，依靠顽强斗争打开事业发展新天地。

四、中国式现代化是一种全新的人类文明形态

习近平总书记指出："中国式现代化是绝无仅有、史无前例、空前伟大的。"中国式现代化，深深植根于中华民族传统文化，体现科学社会主义的先进本质，借鉴吸收一切人类优秀文明成果，代表人类文明进步的发展方向，展现了不同于西方现代化模式的新图景。中国式现代化创造了人类文明新形态，既是中国强国建设、民族复兴的康庄大道，也是中国谋求人类进步、世界大同的必由之路。

世界现代化进程是从西方资本主义国家开始的，当今世界的发达国家也主要是欧美国家和深受西方文明影响的资本主义国家。这就给人们一种错觉，似乎现代化就是西方化，西方文明就是现代文明。实际上，资本主义文明是建立在资本主义剥削制度基础上的，生产资料私有制和社会化大生产之间的矛盾是资本主义制度和西方现代化无法克服的固有矛盾，尽管资本主义制度和西方现代化模式也在不断演变，但其骨子里的资本至上、弱肉强食、两极分化、霸道强权的本性没有任何改变，其弊端日益明显。从第二次世界大战结束到20世纪90年代初期，一些发展中国家不顾国情和历史条件，全盘照搬西方模式，结果水土不服，绝大多数陷入经济长期停滞、社会政治动荡的困境。

实现现代化是世界各国人民的权益和选择，其关键是找到符合自身国情、符合人类社会发展规律的发展道路。中国式现代化蕴含的独特世界观、价值观、历史观、文明观、民主观、生态观及其伟大实践，是对西方现代化理论和实践的伟大超越，打破了"现代化 = 西方化"的迷思。中国式现代化所取得的显著成就，尤其是新时代以来中国共产党和中国人民团结奋斗赢得的历史性胜利，为广大发展中国家独立自主迈向现代化、探索多样化的现代化道路提供了全新选择。

现代化不是少数国家的专利品，也不是非此即彼的单选题。在现代化道路的探索上，照搬没有出路，模仿容易迷失，实践才出真知。中国式现代化作为科学社会主义的最新成果，是对世界现代化理论和实践的重大创新，为全球提供了一种全新的现代化模式，必将对世界历史进程产生深远影响。

五、推进中国式现代化需要正确处理若干重大关系

推进中国式现代化是一个系统工程，需要统筹兼顾、系统谋划、整体推进，正确处理好顶层设计与实践探索、战略与策略、守正与创新、效率与公平、活力与秩序、自立自强与对外开放等一系列重大关系。

正确处理好顶层设计与实践探索的关系。中国式现代化是分阶段、分领域推进的，实现各个阶段发展目标、落实各个领域发展战略离不开顶层设计。顶层设计来自实践探索经验的总结提炼，没有实践探索就没有顶层设计。反过来，顶层设计是为了更好地实践探索，减少盲目性，增强自觉性，提高有效性。正确处理好顶层设计与实践探索的关系，必须落实到增强工作的原则性、系统性、预见性和创造性上，要坚持用整体、联系和全面的观点看问题，把握主动，因时制宜，积极探求解决问题的新思路。同时，进行顶层设计必须有科学的理论思维，以认清矛盾的发展路径，从而更好把握实践方向。进行顶层设计，需要深刻洞察世界发展大势，准确把握人民群众的共同愿望，深入探索经济社会发展规律，使制定的规划和政策体系体现时代性、把握规律性、富于创造性，做到远近结合、上下贯通、内容协调，注重人民主体性，充分反映人民群众对美好生活的新要求新期待。

正确处理好战略与策略的关系。正确运用战略和策略是中国共产党不断从胜利走向胜利的成功秘诀，推进中国式现代化必须把这一成功秘诀传承好、运

用好、发展好。正确的战略需要正确的策略来落实。策略是在战略指导下形成，又是战略的具体体现。战略的坚定性与策略的灵活性相辅相成，战略的前瞻性与策略的务实性相辅相成。在推进现代化过程中，要增强战略的前瞻性，准确把握事物发展的必然趋势，敏锐洞悉前进道路上可能出现的机遇和挑战，以科学的战略预见未来、引领未来。要增强战略的全局性，谋划战略目标、制定战略举措、作出战略部署，都要着眼于解决事关党和国家事业兴衰成败、牵一发而动全身的重大问题。要增强战略的稳定性，战略一经形成，就要长期坚持、一抓到底、善作善成，不要随意改变。要把战略的原则性和策略的灵活性有机结合起来，灵活机动、随机应变、临机决断，在因地制宜、因势而动、顺势而为中把握战略主动。

正确处理好守正与创新的关系。中国式现代化的探索是一个在继承中发展、在守正中创新的历史过程。守正，就是要守好中国式现代化的本和源、根和魂，毫不动摇坚持中国式现代化的中国特色、本质要求、重大原则，确保中国式现代化的正确方向。创新，就是对需要完善和发展的地方持续深化改革，随着时代、科技、实践的不断发展而赋予新的内涵、新的意蕴、新的发展。在推进中国式现代化的新征程上，要守住马克思主义的基本原理、科学态度和真理精神，旗帜鲜明坚持党的全面领导，全面贯彻习近平新时代中国特色社会主义思想，用马克思主义的立场、观点、方法观察时代、把握时代、引领时代，不断深化对共产党执政规律、社会主义建设规律、人类社会发展规律的认识。坚决维护党中央权威和集中统一领导，把党的领导落实到党和国家事业各领域各方面各环节，确保我国社会主义现代化建设在自己选择的正确道路上昂首阔步走下去。

正确处理好效率与公平的关系。中国式现代化既要创造比资本主义更高的效率，又要更有效地维护社会公平，更好地实现效率与公平相兼顾、相促进、相统一。要正确处理效率和公平的关系，构建初次分配、再分配、第三次分配协调配套的基础性制度安排。要坚持和完善社会主义基本经济制度，毫不动摇巩固和发展公有制经济，毫不动摇鼓励、支持、引导非公有制经济发展，充分发挥市场在资源配置中的决定性作用，更好发挥政府作用，构建全国统一大市场，深化要素市场化改革，在做大蛋糕的同时分好蛋糕，让现代化建设成果更多更公平惠及全体人民。

正确处理好活力与秩序的关系。中国式现代化应该而且能够实现活而不乱、活跃有序的动态平衡。这就需要统筹发展和安全，贯彻总体国家安全观，健全国家安全体系，增强维护国家安全能力，坚定维护国家政权安全、制度安全、意识形态安全和重点领域安全。着力破解深层次体制机制障碍，不断彰显中国特色社会主义制度优势，把我国制度优势更好转化为国家治理效能，充分释放全社会创造潜能，鼓励科学家、企业家、艺术家等各方面人才特别是青年人才创新创造。采取切实有效措施解决不愿担当、不敢担当、不善担当等问题，充分调动广大党员干部干事创业的积极性。形成劳动创造财富、实干创造业绩、奋斗创造幸福的正确导向，充分激发全社会创造活力。

正确处理好自立自强与对外开放的关系。中国式现代化是中国共产党团结带领中国人民顺应历史大势，以自信自立的历史自觉和历史主动精神独立自主探索开辟出来的。同时，我国经济持续快速发展的一个重要动力就是对外开放。推进中国式现代化必须坚持独立自主、自立自强，坚持把国家和民族发展放在自己力量的基点上，坚持中国的事情由中国人民自己作主、自己来处理，坚持把中国发展进步的命运牢牢掌握在自己手中。统筹全局、突出重点，深化科技协同创新，聚力加强自主创新、原始创新，加快推进高水平科技自立自强。加快提升新兴领域战略能力，谋取国家发展和国际竞争新优势。弘扬历史主动精神，坚定历史自信、增强历史自觉，凝聚走向未来的勇气和力量。中国的发展离不开世界，世界的繁荣也需要中国。要不断扩大高水平对外开放，深度参与全球产业分工和合作，用好国内国际两种资源，拓展中国式现代化的发展空间。

今天的中国，比历史上任何时期都更接近、更有信心和能力实现中国式现代化目标，从而全面推进中华民族伟大复兴。同时我们应该认识到，推进中国式现代化是一个长期任务，必须准备付出更为艰巨、更为艰苦的努力，必须坚定信心、锐意进取，主动识变应变求变，主动防范化解风险，不断夺取全面建设社会主义现代化国家新胜利。

参考文献

1. 习近平：《高举中国特色社会主义伟大旗帜为全面建设社会主义现代化国家而团结奋斗：在中国共产党第二十次全国代表大会上的报告》，人民出版社2022年版。

2.《党的二十大报告辅导读本》，人民出版社2022年版。

3. 中共中央宣传部：《习近平新时代中国特色社会主义思想学习纲要》，学习出版社2019年版。

4.《中国共产党简史》，人民出版社2021年版。

5.《中共中央关于党的百年奋斗重大成就和历史经验的决议》，人民出版社2021年版。

6.《〈中共中央关于党的百年奋斗重大成就和历史经验的决议〉辅导读本》，人民出版社2021年版。

7. 习近平：《以史为鉴、开创未来　埋头苦干、勇毅前行》，《求是》，2022年第1期。

8.《习近平谈治国理政》（第四卷），外文出版社 2022 年版。

9. 中共中央宣传部：《习近平新时代中国特色社会主义思想学习纲要》（2023 年版），学习出版社、人民出版社 2023 年版。

思考题

1. 为什么说中国式现代化是中国共产党领导的社会主义现代化？

2. 中国式现代化的本质要求是什么？又有哪些基本特征？

专题二

深刻领会全国“两会”是全过程人民民主的生动实践

知识要点

全过程人民民主是新时代党领导人民推进社会主义政治建设取得的重大理论和实践创新成果。在革命、建设、改革各个历史时期，我们党团结带领全国各族人民为实现人民当家作主进行艰辛探索、不懈奋斗，逐步建立健全一套完整的制度体系和程序机制，成功开辟和坚持了中国特色社会主义政治发展道路，人民民主成为社会主义国家的政治基石，彰显了社会主义制度的显著优势。

人民代表大会制度是实现我国全过程人民民主的重要制度载体，人民政协是我国政治生活中发扬社会主义民主、实现全过程人民民主的重要形式。中国全国“两会”是全过程人民民主的生动实践。全过程人民民主不仅体现在完整的制度设计上，也体现在制度的实际运行和显著成效上，是全链条、全方位、全覆盖的民主，也是最广泛、最真实、最管用的民主。调查显示，2023 年全国“两会”期间民众关注最多的话题包括“教育人才”“社会保障”“正风反腐”“乡村振兴”“就业优先”“医疗卫生”等，这些恰恰是代表委员们关注的重点，也是政府工作报告作出重点部署的领域。过去 5 年，中国政府累计采纳代表委员所提意见建议 1.8 万余条，出台相关政策措施 7800 余项，推动解决了一大批关系改革发展和人民群众急难愁盼的问题。

国际知名机构民调显示，近年来，中国人民对中国政府的满意度保持在 90% 以上，这是中国民主具有强大生命力最真实的反映。事实证明，中国的民主道路走得通、走得好，让占世界人口近 1/5 的 14 亿多中国人民真正实现当家作主，享有广泛权利和自由，为人类民主事业发展探索了新的路径。

2023 年全国“两会”是贯彻落实党的二十大精神的一次重要会议

2023 年全国“两会”是党的二十大后召开的第一次全国“两会”，产生了新一届国家机构和全国政协领导人员，审议审查或讨论政府工作报告、计划报告、预算报告、人大常委会工作报告、政协常委会工作报告、最高人民法院报告、最高人民检察院报告、立法法修正草案、国务院机构改革方案……随着各项议程完成，党的二十大作出的战略部署、确立的行动指南通过法定程序转化为国家意志，也将转化为新时代党员干部的行动指南。

一、“两个确立”在政治生活中的生动体现

党的二十大是在全党全国各族人民迈上全面建设社会主义现代化国家新征程、向第二个百年奋斗目标进军的关键时刻召开的一次十分重要的大会，世界瞩目，影响深远。党的二十大报告向党内外、国内外鲜明宣示了中国共产党和中国人民在新征程上举什么旗、走什么路，以什么样的精神状态、朝着什么样的目标继续前进。“两个确立”是新时代最大的政治成果、最重要历史经验、最客观的实践结论。学习宣传贯彻党的二十大精神，必须深刻把握“两个确立”的引领地位，坚定捍卫“两个确立”、忠诚践行“两个维护”，坚定不移在政治立场、政治方向、政治原则、政治道路上同以习近平同志为核心的党中央保持高度一致，不断提高政治判断力、政治领悟力、政治执行力，切实把习

近平新时代中国特色社会主义思想贯彻落实到工作的各方面全过程，把思想政治行动统一到党的二十大精神上来。

“两个确立”是党在新时代取得的重大政治成果，是推动党和国家事业取得历史性成就、发生历史性变革的决定性因素。过去五年工作和新时代十年伟大变革证明了“两个确立”的决定性意义。党的十八大以来，以习近平同志为核心的党中央创立了习近平新时代中国特色社会主义思想、全面加强党的领导、对新时代党和国家事业发展作出科学完整的战略部署、接续奋斗实现了小康这个中华民族的千年梦想、提出并贯彻新发展理念、以巨大的政治勇气推进全面深化改革、实行更加积极主动的开放战略、坚持走中国特色社会主义政治发展道路、确立和坚持马克思主义在意识形态领域指导地位的根本制度、深入贯彻以人民为中心的发展思想、坚持绿水青山就是金山银山的理念、贯彻总体国家安全观等，实现一系列突破性进展，取得一系列标志性成果。新时代的伟大成就是以习近平同志为核心的党中央坚强领导的结果，是习近平新时代中国特色社会主义思想科学指引的结果。

“两个确立”作为重大政治理论命题，不仅为党的全部历史特别是党的十八大以来的历史所证明，而且是党的全部历史发展的必然结果。党中央作出《中共中央关于党的百年奋斗重大成就和历史经验的决议》，胜利召开中国共产党第二十次全国代表大会，通过《中国共产党章程（修正案）》，以习近平同志为核心的新一届中央领导集体顺利选举产生，习近平同志再次当选中央委员会总书记和中央军事委员会主席，党中央形成坚强领导集体，全党空前团结统一等，充分反映了党的意志、人民意志、国家意志的高度统一，体现了全党全军全国各族人民对习近平总书记的衷心拥戴。“两个确立”深深镌刻在全党全军全国各族人民心坎上，是党应对一切不确定性的最大确定性、最大底气、最大保证，是新时代新阶段取得新胜利的决定性因素。

第十四届全国人民代表大会第一次会议选举产生新一届国家机构领导人员，中共中央总书记、中央军委主席习近平全票当选中华人民共和国主席、中华人民共和国中央军事委员会主席。大国的扬帆远航，离不开掌舵者；民族的复兴征程，呼唤领路人。习近平总书记全票当选中华人民共和国主席、中华人民共和国中央军事委员会主席，这充分体现了党的意志、人民意志、国家意志的高度统一，充分反映了全党全军全国各族人民的共同愿望和心声，是“两个确立”在我国政治生活中最生动的体现，必将鼓舞和动员亿万人民更加紧密地团结在以习近平同志为核心的党中央周围，同心同德，开拓进取，以中国式现代化全面推动中华民族伟大复兴，夺取新时代中国特色社会主义伟大胜利，为实现中华民族伟大复兴的中国梦而不懈奋斗。

党的总书记、国家主席、中央军委主席的任职规定保持一致，是符合我国国情、保证党和国家长治久安的制度设计，是保证中国共产党、中华人民共和国、中国人民解放军领导人“三位一体”的制度安排，有利于坚持和加强党的全面领导，有利于完善党和国家领导制度，有利于维护党中央权威和集中统一领导，是中国特色社会主义政治优势和制度优势的重要体现。习近平总书记全票当选国家主席是2023年全国“两会”的重大成果，体现了“两个确立”是人心所向、伟业所需。习近平总书记当选为国家主席之后发表重要讲话，指出：“我将一如既往，忠实履行宪法赋予的职责，忠于祖国，忠于人民，恪尽职守，竭尽全力，勤勉工作，赤诚奉献，做人民的勤务员，接受人民监督，决不辜负各位代表和全国各族人民的信任和重托！

“一切国家机关工作人员，无论身居多高的职位，都必须牢记我们的共和国是中华人民共和国，始终要把人民放在心中最高的位置，始终全心全意为人民服务，始终为人民利益和幸福而努力工作。

“人民是历史的创造者，人民是真正的英雄。波澜壮阔的中华民族发展史是中国人民书写的！博大精深的中华文明是中国人民创造的！历久弥新的中华民族精神是中国人民培育的！中华民族迎来了从站起来、富起来到强起来的伟大飞跃是中国人民奋斗出来的！

“历史已经并将继续证明，只有社会主义才能救中国，只有坚持和发展中国特色社会主义才能实现中华民族伟大复兴。国内外形势正在发生深刻复杂变化，我国发展仍处于重要战略机遇期。我们具备过去难以想象的良好发展条件，但也面临着许多前所未有的困难和挑战。中国共产党第十九次全国代表大会描绘了决胜全面建成小康社会、开启全面建设社会主义现代化国家新征程、实现中华民族伟大复兴的宏伟蓝图。把蓝图变为现实，是一场新的长征。路虽然还很长，但时间不等人，容不得有半点懈怠。我们决不能安于现状、贪图安逸、乐而忘忧，必须不忘初心、牢记使命、奋发有为，努力创造属于新时代的光辉业绩！”

广大党员干部群众坚信，在以习近平同志为核心的党中央坚强领导下，在习近平新时代中国特色社会主义思想的科学指引下，团结一心砥砺奋进，乘风破浪勇往直前，一定能战胜前进道路上的一切艰难险阻，推动中华民族伟大复兴号巨轮胜利抵达光辉彼岸！

二、中国式现代化蓝图的推动落实

2023 年是全面贯彻党的二十大精神的开局之年，也是十四届全国人大及其常委会依法履职的第一年。中国式现代化是中国共产党领导的社会主义现代化，党的领导直接关系中国式现代化的根本方向、前途命运、最终成败。从新民主主义革命时期“为实现现代化创造了根本社会条件”，到社会主义革命和建设时期“为现代化建设奠定根本政治前提和宝贵经验、理论准备、物质基础”，到改革开放和社会主义建设新时期“为中国式现代化提供了充满新的活力的体制保证和快速发展的物质条件”。党的十八大以来，我们党在已有的基础上继续前进，不断实现理论和实践上的创新突破，成功推进和拓展了中国式现代化，为中国式现代化提供了更为完善的制度保证和物质基础，更为主动的精神力量。初步构建中国式现代化的理论体系，使中国式现代化更加清晰、更加科学、更加可行。党的二十大报告提出中国式现代化的九条本质要求，第一条就是“坚持中国共产党领导”。这是中国式现代化最鲜明的特征和最突出的优势。与此同时，习近平总书记进一步深刻阐释了中国式现代化五个方面的中国特色，即人口规模巨大的现代化、全体人民共同富裕的现代化、物质文明和精神文明相协调的现代化、人与自然和谐共生的现代化、走和平发展道路的现代化。这五个方面，揭示了中国式现代化的科学内涵，既是理论概括，又是实践要求，为全面建成社会主义现代化强国、实现中华民族伟大复兴指明了一条康庄大道。中国式现代化是一项伟大而艰巨的事业。在前进道路上，我们要全面贯彻习近平新时代中国特色社会主义思想，深刻领悟“两个确立”的决定性意义，增强“四个意识”、坚定“四个自信”、做到“两个维护”，不断提高政治判断力、政治领悟力、政治执行力，始终同以习近平同志为核心的党中央保持高度一致，坚定不移以中国式现代化全面推进中华民族伟大复兴。

从现在起到本世纪中叶，全面建成社会主义现代化强国、全面推进中华民族伟大复兴，是全党全国人民的中心任务。强国建设、民族复兴的接力棒，历史地落在我们这一代人身上。我们要按照党的二十大的战略部署，坚持统筹推进“五位一体”总体布局、协调推进“四个全面”战略布局，加快推进中国式现代化建设，团结奋斗，开拓创新，在新征程上作出无负时代、无负历史、无负人民的业绩，为推进强国建设、民族复兴作出我们这一代人的应有贡献。

在强国建设、民族复兴的新征程上，我们要坚定不移推动高质量发展。要完整、准确、全面贯彻新发展理念，加快构建新发展格局，深入实施科教兴国战略、人才强国战略、创新驱动发展战略，着力提升科技自立自强能力，推动产业转型升级，推动城乡区域协调发展，推动经济社会发展绿色化、低碳化，推动经济实现质的有效提升和量的合理增长，不断壮大我国经济实力、科技实力、综合国力。

习近平总书记强调，我们要始终坚持人民至上。全面建成社会主义现代化强国，人民是决定性力量。要积极发展全过程人民民主，坚持党的领导、人民当家作主、依法治国有机统一，健全人民当家作主制度体系，实现人民意志，保障人民权益，充分激发全体人民的积极性主动性创造性。要贯彻以人民为中心的发展思想，完善分配制度，健全社会保障体系，强化基本公共服务，兜牢民生底线，解决好人民群众急难愁盼问题，让现代化建设成果更多更公平惠及全体人民，在推进全体人民共同富裕上不断取得更为明显的实质性进展。要不断巩固发展全国各族人民大团结、海内外中华儿女大团结，充分调动一切积极因素，凝聚起强国建设、民族复兴的磅礴力量。

安全是发展的基础，稳定是强盛的前提。要贯彻总体国家安全观，健全国家安全体系，增强维护国家安全能力，提高公共安全治理水平，完善社会治理体系，以新安全格局保障新发展格局。要全面推进国防和军队现代化建设，把人民军队建设成为有效维护国家主权、安全、发展利益的钢铁长城。

习近平强调，推进强国建设，离不开香港、澳门长期繁荣稳定。要全面准确、坚定不移贯彻“一国两制”、“港人治港”、“澳人治澳”、高度自治的方针，坚持依法治港治澳，支持香港、澳门特别行政区发展经济、改善民生，更好融入国家发展大局。实现祖国完全统一是全体中华儿女的共同愿望，是民族复兴的题中之义。要贯彻新时代党解决台湾问题的总体方略，坚持一个中国原则和“九二共识”，积极促进两岸关系和平发展，坚决反对外部势力干涉和“台独”

分裂活动，坚定不移推进祖国统一进程。

中国的发展惠及世界，中国的发展离不开世界。我们要扎实推进高水平对外开放，既用好全球市场和资源发展自己，又推动世界共同发展。我们要高举和平、发展、合作、共赢旗帜，始终站在历史正确一边，践行真正的多边主义，践行全人类共同价值，积极参与全球治理体系改革和建设，推动建设开放型世界经济，推动落实全球发展倡议、全球安全倡议，为世界和平发展增加更多稳定性和正能量，为我国发展营造良好国际环境。

治国必先治党，党兴才能国强。推进强国建设，必须坚持中国共产党领导和党中央集中统一领导，切实加强党的建设。要时刻保持解决大党独有难题的清醒和坚定，勇于自我革命，一刻不停全面从严治党，坚定不移反对腐败，始终保持党的团结统一，确保党永远不变质、不变色、不变味，为强国建设、民族复兴提供坚强保证。

强国建设、民族复兴的宏伟目标令人鼓舞，催人奋进。我们要只争朝夕，坚定历史自信，增强历史主动，坚持守正创新，保持战略定力，发扬斗争精神，勇于攻坚克难，不断为强国建设、民族复兴伟业添砖加瓦、增光添彩。

三、高质量发展的主题主线

2023 年 3 月 5 日，习近平总书记参加第十四届全国人大一次会议江苏代表团审议时强调，高质量发展是全面建设社会主义现代化国家的首要任务。3 月 6 日，习近平总书记在看望参加政协会议的民建工商联界委员时强调，要正确引导民营经济健康发展、高质量发展。在全国“两会”上，习近平总书记多次发表重要讲话，强调要着力推动高质量发展。新征程上，我们要立足新发展阶段、贯彻新发展理念、构建新发展格局，一步一个脚印扎实推动经济社会高质量发展。

高质量发展是全面建设社会主义现代化国家的首要任务。必须完整、准确、全面贯彻新发展理念，始终以创新、协调、绿色、开放、共享的内在统一来把握发展、衡量发展、推动发展；必须更好统筹质的有效提升和量的合理增长，始终坚持质量第一、效益优先，大力增强质量意识，视质量为生命，以高质量为追求；必须坚定不移深化改革开放、深入转变发展方式，以效率变革、动力变革促进质量变革，加快形成可持续的高质量发展体制机制；必须以满足人民日益增长的美好生活需要为出发点和落脚点，把发展成果不断转化为生活品质，不断增强人民群众的获得感、幸福感、安全感。

加快实现高水平科技自立自强，是推动高质量发展的必由之路。在激烈的国际竞争中，我们要开辟发展新领域新赛道、塑造发展新动能新优势，从根本上说，还是要依靠科技创新。我们能不能如期全面建成社会主义现代化强国，关键看科技自立自强。要坚持“四个面向”，加快实施创新驱动发展战略，推动产学研深度合作，着力强化重大科技创新平台建设，支持顶尖科学家领衔进行原创性、引领性科技攻关，努力突破关键核心技术难题，在重点领域、关键环节实现自主可控。要强化企业主体地位，推进创新链产业链资金链人才链深度融合，发挥科技型骨干企业引领支撑作用，促进科技型中小微企业健康成长，不断提高科技成果转化和产业化水平，着力打造具有全球影响力的产业科技创新中心。要深化科技体制改革，大力培育创新文化，健全科技评价体系和激励机制，为创新人才脱颖而出、尽展才华创造良好环境。

加快构建新发展格局，是推动高质量发展的战略基点。要把实施扩大内需战略同深化供给侧结构性改革有机结合起来，加快建设现代化产业体系。要坚持把发展经济的着力点放在实体经济上，深入推进新型工业化，强化产业基础再造和重大技术装备攻关，推动制造业高端化、智能化、绿色化发展，加快建设制造强省，大力发展战略性新兴产业，加快发展数字经济。要按照构建高水平社会主义市场经济体制、推进高水平对外开放的要求，深入推进重点领域改革，统筹推进现代化基础设施体系和高标准市场体系建设，稳步扩大制度型开放。

农业强国是社会主义现代化强国的根基，推进农业现代化是实现高质量发展的必然要求。要严守耕地红线，稳定粮食播种面积，加强高标准农田建设，切实保障粮食和重要农产品稳定安全供给。要把产业振兴作为乡村振兴的重中之重，积极延伸和拓展农业产业链，培育发展农村新产业新业态，不断拓宽农民增收致富渠道。要优化镇村布局规划，统筹乡村基础设施和公共服务体系建设，深入实施农村人居环境整治提升行动，加快建设宜居宜业和美乡村。要强化科技和改革双轮驱动，深化农村土地制度改革，巩固和完善农村基本经营制度，发展新型农村集体经济，发展新型农业经营主体和社会化服务，发展农村适度规模经营，为农业农村发展增动力、添活力。

人民幸福安康是推动高质量发展的最终目的。基层治理和民生保障事关人民群众切身利益，是促进共同富裕、打造高品质生活的基础性工程，各级党委和政府必须牢牢记在心上、时时抓在手上，确保取得扎扎实实的成效。要健全基层党组织领导的基层群众自治机制，加强基层组织建设，完善网格化管理、精细化服务、信息化支撑的基层治理平台，健全城乡社区治理体系，为人民群众提供家门口的优质服务和精细管理。要坚持和发展新时代“枫桥经验”，完善正确处理新形势下人民内部矛盾机制，及时把矛盾纠纷化解在基层、化解在萌芽状态。要紧紧抓住人民群众急难愁盼问题，采取更多惠民生、暖民心举措，健全基本公共服务体系，着力做好重点群体就业帮扶、收入分配调节、健全社会保障体系、强化“一老一幼”服务等工作。要抓实抓细新阶段疫情防控工作，认真落实“乙类乙管”各项措施，持续加强公共卫生、疾病防控、医疗服务体系建设。

民营经济是我们党长期执政、团结带领全国人民实现“两个一百年”奋斗目标和中华民族伟大复兴中国梦的重要力量。要优化民营企业发展环境，破除制约民营企业公平参与市场竞争的制度障碍，依法维护民营企业产权和企业家权益，从制度和法律上把对国企民企平等对待的要求落下来，鼓励和支持民营经济和民营企业发展壮大，提振市场预期和信心。要积极发挥民营企业在稳就业、促增收中的重要作用，采取更有效的措施支持中小微企业和个体工商户发展，支持平台企业在创造就业、拓展消费、国际竞争中大显身手。要把构建亲清政商关系落到实处，为民营企业和民营企业家排忧解难，让他们放开手脚，轻装上阵，专心致志搞发展。要加强思想政治引领，引导民营企业和民营企业家正确理解党中央关于“两个毫不动摇”“两个健康”的方针政策，消除顾虑，放下包袱，大胆发展。高质量发展对民营经济发展提出了更高要求。民营企业要践行新发展理念，深刻把握民营经济发展存在的不足和面临的挑战，转变发展方式、调整产业结构、转换增长动力，坚守主业、做强实业，自觉走高质量发展路子。有能力、有条件的民营企业要加强自主创新，在推进科技自立自强和科技成果转化中发挥更大作用。要激发民间资本投资活力，鼓励和吸引更多民间资本参与国家重大工程、重点产业链供应链项目建设，为构建新发展格局、推动高质量发展作出更大贡献。要依法规范和引导各类资本健康发展，有效防范化解系统性金融风险，为各类所有制企业创造公平竞争、竞相发展的环境。

坚持统筹发展和安全，坚持发展和安全并重，实现高质量发展和高水平安全的良性互动，巩固提高一体化国家战略体系和能力是复杂系统工程，要统筹全局，突出重点，以重点突破带动整体推进。要深化科技协同创新，建设好、管理好、运用好国家实验室，聚力加强自主创新、原始创新，加快推进高水平科技自立自强。要加快提升新兴领域战略能力，谋取国家发展和国际竞争新优势。要强化国防科技工业服务强军胜战导向，优化体系布局，创新发展模式，增强产业链供应链韧性。要加强重大基础设施统筹建设，善于算大账、综合账、长远账，提高共建共用共享水平。要加快构建大国储备体系，提升国家储备维护国家安全的能力。

习近平总书记强调，推动高质量发展，必须坚持和加强党的全面领导、坚定不移全面从严治党。各级党委要牢牢扛起全面从严治党主体责任，切实加强党的二十大精神学习宣传贯彻工作，加强换届后各级领导班子和干部队伍建设，加强各领域党建工作，深入开展学习贯彻新时代中国特色社会主义思想主题教育，为奋进新征程、建功新时代提供坚强有力的政治引领和政治保障。

充分理解“两会”是贯彻落实全过程人民民主的具体实践

党的二十大报告提出：“全过程人民民主是社会主义民主政治的本质属性，是最广泛、最真实、最管用的民主。”

一年一度的全国“两会”，是我国政治生活中的一件大事，是全过程人民民主的生动体现，也是读懂全过程人民民主的重要窗口，来自全国各地的代表委员肩负着全国各族人民重托，以高度负责的精神认真履行职责。全国“两会”是落实全过程人民民主的重要制度载体，是凝聚广泛共识的过程，是汇聚民心民智的过程，是“国之大者”与“民生小事”互动的过程。全国“两会”的成功实践充分证明，全过程人民民主是社会主义民主政治的本质属性，是最广泛、最真实、最管用的民主，是全链条、全方位、全覆盖的民主。世界从全国“两会”看到的不仅是我国经济社会发展成就与展望，更是全过程人民民主的生动实践。

一、全过程人民民主的形成

民主是全人类的共同价值，是中国共产党和中国人民始终不渝坚持的重要理念。党的十八大以来，以习近平同志为核心的党中央坚持党的领导、人民当家作主、依法治国有机统一，推动人民民主发展更加广泛、更加充分、更加健全，全过程人民民主不断发展完善，社会主义民主政治焕发勃勃生机。全国

“两会”作为实践全过程人民民主的重要制度载体，能够呈现最现实的问题，凝聚最广泛的共识，充分体现“选举”民主、“协商”民主的理念与价值，凸显全过程人民民主的成色与特色。

2019 年 11 月，习近平总书记在上海虹桥街道考察全国人大常委会法工委基层立法联系点时深刻指出：“我们走的是一条中国特色社会主义政治发展道路，人民民主是一种全过程的民主。”

2021 年 7 月 1 日，习近平总书记在庆祝中国共产党成立 100 周年大会上强调要“践行以人民为中心的发展思想，发展全过程人民民主”。

2021 年 10 月，习近平总书记在中央人大工作会议上对全过程人民民主重大理念和实践要求作出系统精辟的阐述。党的十九届六中全会通过的《中共中央关于党的百年奋斗重大成就和历史经验的决议》，把“发展全过程人民民主”作为习近平新时代中国特色社会主义思想的重要内容纳入“十个明确”之中。

习近平总书记关于全过程人民民主的重要论述，使党对民主理论和实践的认识达到历史新高度，是新时代践行党的初心使命和全心全意为人民服务根本宗旨在民主政治方面的集中体现，极大地增强了全党全国各族人民对中国特色社会主义民主政治的自信和底气。

2023 年全国“两会”上，从审议、审查、讨论政府和最高人民法院、最高人民检察院等的一系列工作报告，到提出数以千计的建议提案，再到选举和决定任命新一届国家机构组成人员，代表委员们认真履职，让人民的意愿在国家政策和人事安排中得到最大程度体现。在“两会”闭幕后，代表委员提出的建议提案被交由政府相关部门研究办理，这些部门在办理过程中也会与代表委员们密切沟通。

二、全过程人民民主是一个系统完备的科学理论体系

全过程人民民主的重要论述思想深邃、视野宏阔、内涵丰富，是一个系统完备的科学理论体系，回答了人民当家作主的中国之问、世界之问、人民之问、时代之问，彰显了马克思主义的科学性、真理性和时代性。主要包含七个方面的重要原则。

一是人民立场。人民民主是社会主义的生命，没有民主就没有社会主义，就没有社会主义的现代化，就没有中华民族伟大复兴；全过程人民民主是社会主义民主政治的本质属性，发展社会主义民主政治就是要体现人民意志、保障人民权益、激发人民创造活力，用制度体系保障人民当家作主。

二是历史必然。我们党始终高举人民民主的旗帜，坚持人民主体地位；中国特色社会主义政治发展道路是符合中国国情、保证人民当家作主的正确道路，是近代以来中国人民长期奋斗历史逻辑、理论逻辑、实践逻辑的必然结果，是坚持党的本质属性、践行党的根本宗旨的必然要求。

三是制度保障。我国实行工人阶级领导的、以工农联盟为基础的人民民主专政的国体，实行人民代表大会制度的政体，实行中国共产党领导的多党合作和政治协商制度、民族区域自治制度、基层群众自治制度等基本政治制度，巩固和发展最广泛的爱国统一战线，形成了全面、广泛、有机衔接的人民当家作主制度体系，构建了多样、畅通、有序的民主渠道。

四是全程贯通。我国全过程人民民主不仅有完整的制度程序，而且有完整的参与实践。全体人民依法实行民主选举、民主协商、民主决策、民主管理、民主监督，依法通过各种途径和形式管理国家事务，管理经济和文化事业，管理社会事务。

五是真实管用。我国全过程人民民主实现了过程民主和成果民主、程序民

主和实质民主、直接民主和间接民主、人民民主和国家意志相统一，是全链条、全方位、全覆盖的民主，是最广泛、最真实、最管用的社会主义民主。

六是动态推进。坚持党的领导、人民当家作主、依法治国有机统一，发展全过程人民民主，把人民当家作主具体地、现实地体现到党治国理政的政策措施上来，具体地、现实地体现到党和国家机关各个方面各个层级工作上来，具体地、现实地体现到实现人民对美好生活向往的工作上来。

七是系统评价。关于中国共产党始终高举人民民主旗帜的“五个基本观点”的精辟概括，关于评价一个国家政治制度是不是民主的、有效的主要看“八个能否”的衡量标准，关于一个国家民主不民主关键在于是不是真正做到了人民当家作主的“四个要看、四个更要看”的审视尺度，关于发展社会主义民主政治关键是要增加和扩大我们的优势和特点而不是要削弱和缩小我们的优势和特点、做到“六个切实防止”的深刻阐述等，都是系统观察、系统思考、系统总结评价的重要成果。

全过程人民民主体现了国家的一切权力属于人民的宪法原则，体现了党全心全意为人民服务的根本宗旨，体现了人民当家作主的内在要求，丰富、创新、发展了人民民主的实践形式和内容，为在新征程上发展社会主义民主政治指明了前进方向、明确了任务要求、提供了具体方法。坚持和发展全过程人民民主，就能不断扩大人民的政治参与，丰富人民的民主生活，就能推动社会主义民主的价值和理念进一步转化为科学有效的制度安排和具体现实的民主实践，使人民当家作主更好体现在国家政治生活和社会生活之中，激发和凝聚中国人民奋进新时代的伟大力量，对于引领、推动社会主义民主政治建设具有重要意义。

三、人民代表大会制度是实现全过程人民民主的重要制度载体

实行人民代表大会制度，是中国共产党领导中国人民深刻总结近代以来中国政治生活惨痛教训得出的基本结论，是中国人民翻身作主、掌握自己命运的必然选择。

近代以来，为了解决“建立什么样的政治制度”这个历史性课题，中国人民进行了艰辛探索，君主立宪制、议会制、多党制、总统制……各种主张和方案几乎都尝试过，但都以失败告终。直到中国共产党领导中国人民取得革命胜利、建立了新中国，从根本上改变了近代以来中国内忧外患、任人宰割的悲惨命运，亿万中国人民才真正成为国家、社会和自己命运的主人。1949 年 9 月，具有临时宪法地位的《中国人民政治协商会议共同纲领》庄严宣告，新中国实行人民代表大会制度。1954 年，第一届全国人民代表大会第一次会议召开，通过了《中华人民共和国宪法》，建立起中华人民共和国的根本政治制度——人民代表大会制度。这一制度，坚持中国共产党领导，坚持马克思主义国家学说的基本原则，适应人民民主专政的国体，有效保证国家沿着社会主义道路前进。这一制度，坚持国家一切权力属于人民，最大限度保障人民当家作主，把党的领导、人民当家作主、依法治国有机结合起来，有效保证国家治理跳出治乱兴衰的历史周期率。这一制度，在国家政治制度中具有根本性质，在国家政权组织体系中具有根本地位。

新中国成立以来特别是改革开放 40 多年来，人民代表大会制度为党领导人民创造经济快速发展奇迹和社会长期稳定奇迹提供了重要制度保障，发挥着极为重要的根本政治制度作用。比如，充分保障人民当家作主，全面动员全体人民以国家主人翁地位投身社会主义建设，把各方面智慧和力量凝聚起来；实行民主集中制，保证国家统一有效组织各项事业和开展各项工作；充分发

挥中央和地方两个积极性，巩固和发展全国各族人民大团结；有力支撑国家治理体系和治理能力，推动国家法律法规和制度体系不断成熟定型，推动中国特色社会主义制度不断完善发展，等等。在党的领导下，人民代表大会制度也在实践中得到持续巩固、完善和发展，展现出强大生命力和巨大优越性。

2021 年 10 月 13 日至 14 日，党中央召开了中央人大工作会议，这在党的历史上、人民代表大会制度历史上都是第一次，在我国社会主义民主政治建设进程中具有重大里程碑意义。习近平总书记在中央人大工作会议上的重要讲话中指出，“人民代表大会制度是实现我国全过程人民民主的重要制度载体”，为新时代坚持和完善人民代表大会制度指明了方向。

人民代表大会制度是符合我国国情和实际、体现社会主义国家性质、保证人民当家作主、保障实现中华民族伟大复兴的好制度，是党领导人民在人类政治制度史上的伟大创造，是在我国政治发展史乃至世界政治发展史上具有重大意义的全新政治制度。60 多年来特别是改革开放 40 多年来，人民代表大会制度坚持中国共产党领导，坚持国家一切权力属于人民，把党的领导、人民当家作主、依法治国有机统一起来，正确处理事关国家前途命运的一系列重大政治关系，有效保证国家沿着社会主义道路前进，有效保证国家治理跳出“其兴也勃焉，其亡也忽焉”的治乱兴衰历史周期率，有效保证国家政治生活既充满活力又安定有序，为党领导人民创造经济快速发展奇迹和社会长期稳定奇迹提供了重要制度保障，也为世界政治发展史上的国家治理提供了中国方案。

习近平总书记指出：“一个国家民主不民主，关键在于是不是真正做到了人民当家作主。”我国人民通过人民代表大会有效行使国家权力，人民代表大会制度最大限度保障了人民当家作主。全国人民代表大会是最高国家权力机关，全国人民代表大会及其常务委员会行使国家立法权，全国人民代表大会对事关国家发展、人民利益的重大问题，包括国民经济和社会发展计划和计划执行情况的报告、国家的预算和预算执行情况的报告行使审查和批准权等，全国人民代表大会及其常务委员会行使对宪法实施等的监督权。人大代表来自人民，具有广泛代表性。在每年的全国人大会议上，近3000名全国人大代表共商国家发展大计、共议民生热点问题，党和国家领导人当面倾听意见建议，推动人民的所思所盼融入国家发展顶层设计。人民政协是人民民主的重要实现形式，是具有中国特色的制度安排，能够有效保障人民参与国家生活和社会生活的管理。在人民政协，各党派团体、各族各界人士发挥在界别群众中的代表作用，通过提案、委员视察考察、专题调研、反映社情民意等经常性工作有效参与国家治理，最大限度集思广益、凝聚共识。在每年的全国政协会议上，全国政协委员代表各界群众参与国是、履行职责，广泛反映民意，为改革发展建言献策。全国政协委员还要列席全国人大会议，参加对有关法律修改、工作报告等的讨论。全国“两会”生动展现了我国全过程人民民主的广泛性和真实性，充分说明我国人民当家作主的权利真正落到了实处。

从选举上看，中国共有五级人大代表，都由民主选举产生，每届任期五年。人大代表选举主要有以下四个特点：

第一，实行直接选举和间接选举相结合原则。按宪法和有关法律规定，不设区的市、市辖区、县、自治县、乡、民族乡、镇的人民代表大会的代表，由选民直接选举产生；全国人民代表大会代表，省、自治区、直辖市、设区的市、自治州的人民代表大会的代表，均由下一级人民代表大会选举产生；各级行政机关的领导人、县级以上人大常委会组成人员和法院院长、检察院检察长均由本级人民代表大会选举产生。

第二，具有最广泛的普遍性。改革开放以来至2022年，中国已经进行了12次乡级人大代表选举、11次县级人大代表选举，选民参选率都在90%左右，有超过10亿选民参加选举。

第三，具有最广泛的代表性。选举法规定，各地区、各民族、各方面都要有适当数量的代表，对基层代表特别是工人、农民、专业技术人员代表，妇女代表、少数民族代表等，都有明确要求。人大代表有各自的生产和工作岗位，既代表人民参加对国家事务的管理，又做好本职工作。

第四，充分体现最广大人民的意愿。我国的人大代表选举是世界上规模最大的民主选举，充分体现最广大人民的意愿，从根本上保障广大选民的选举权利。通过无记名投票、差额选举、组织代表候选人与选民见面等一系列制度安排，保证选民可以按照自己的意愿选出信任的人。

党的十八大以来，截至2022年，共有210多件次法律草案向社会公开征求意见，超过127万人次提出380多万条意见建议。全国人大常委会法工委建立22个基层立法联系点，带动省、市两级人大常委会建立立法联系点5500余个。

据统计，截至2023年3月10日12时，第十四届全国人大一次会议秘书处共收到代表提出的议案271件、建议8000多件。其中，代表团提出的19件，30名以上的代表联名提出的252件。在这些议案中，有关立法方面的268件，涉及制定法律的147件，修改法律的112件，解释法律的1件，编纂法典的5件，有关决定事项的3件；有关监督方面的3件。代表建议中，一线工人、农民、专业技术人员等基层代表提出的建议占建议总数将近一半。

代表单独提出建议占比80%以上。通过调研、走访等方式形成的议案170件，约占议案总数的62.7%；形成的建议约4800件，占建议总数的近60%。代表所提议案涉及法律项目已列入全国人大常委会2023年度立法工作计划的69件，约占法律案总数的26%。

代表建议重点关注的方面主要有：完善国家创新体系，提升实体经济发展水平；加快数字中国建设，全面赋能经济社会发展；推进乡村振兴，加快农业现代化；加强污染治理和生态建设，提升可持续发展能力；推动优质医疗资源扩容下沉，提高基层防病治病和健康管理能力等。

四、社会主义协商民主是全过程人民民主的独特制度安排

习近平总书记指出，“协商民主是中国社会主义民主政治中独特的、独有的、独到的民主形式，是中国共产党人和中国人民的伟大创造。”不少海外媒体注意到，协商是“两会”议事的一个重要特点。审议讨论各项报告、计划等要协商，选举和决定任命新一届国家机构组成人员之前也要酝酿协商。

肯尼亚广播公司编辑埃里克·比贡非常赞赏中国的协商民主。他说，中国的民主不搞对抗，中国共产党在决策过程中欢迎所有人提出建议，这些建议被融入国家治理最高层面的政策中。“当你们这样做，你们就拥有了全部力量，人民和国家的愿景就会保持一致。”

巴西《论坛》杂志刊文指出，像中国这样的大国，协商各种重要事项绝非易事，但难能可贵的是，中国能够通过有效的沟通协商促进共识。文章认为，不同于西方一些国家在政治上出现党争、极化等问题，在中国的全国“两会”上“不同声音得到倾听和尊重，各界人士以协商聚共识，‘两会’是中国致力于人民团结、和谐和进步的光辉例证”。协商民主构成中国特色社会主义民主政治一道独特而亮丽的风景，人民政协作为统一战线的组织、多党合作和政治协商的机构、人民民主的重要实现形式，是社会主义协商民主的重要渠道和专门协商机构，是国家治理体系的重要组成部分，是具有中国特色的制度安排，在全过程人民民主中占有重要地位，是发展全过程人民民主的重要制度安排。社会主义协商民主是在中国共产党领导下，人民内部各方面围绕改革发展稳定重大问题和涉及群众切身利益的实际问题，在决策之前和决策实施之中开展广

泛协商，努力形成共识的重要民主形式。

协商民主是发展全过程人民民主的重要载体。在我国，人民代表大会制度是根本政治制度，是实现我国全过程人民民主的重要制度载体。中国共产党领导的多党合作和政治协商制度是我国的一项基本政治制度，是具有中国特色的新型政党制度，是发展全过程人民民主科学有效的制度安排，也是发展全过程人民民主的重要制度载体。人民政协作为中国共产党领导的多党合作和政治协商制度的重要机构，是实行中国共产党领导的多党合作和政治协商制度的重要政治形式和组织形式，是各民主党派和各界代表人士协商国是、参政议政的重要渠道，也是发展全过程人民民主的重要载体和重要场所。

协商民主是发展全过程人民民主的重要形式。习近平总书记指出："人民通过选举、投票行使权利和人民内部各方面在重大决策之前进行充分协商，尽可能就共同性问题取得一致意见，是中国社会主义民主的两种重要形式。"这两种重要形式就是选举民主和协商民主，二者相互补充、相得益彰，共同保障了人民当家作主落到实处。《中国的民主》白皮书指出："全过程人民民主，具有完整的制度程序和完整的参与实践，使选举民主和协商民主这两种重要民主形式更好结合起来，构建起覆盖960多万平方公里土地、14亿多人民、56个民族的民主体系，实现了最广大人民的广泛持续参与。"人民政协作为社会主义协商民主的重要渠道和专门协商机构，无论性质定位，还是职能作用，都是专门从事协商的，协商是其主责主业，这就决定了人民政协是发展全过程人民民主不可或缺的重要形式。

协商民主是发展全过程人民民主的重要环节。党的十八大以来，以习近平同志为核心的党中央高度重视人民政协工作，坚持党委会同政府、政协制定年度协商计划制度，完善协商于决策之前和决策实施之中的落实机制，对明确规定需要政协协商的事项必须经协商后提交决策实施，对协商的参加范围、讨论原则、基本程序、交流方式等作出规定，把政协协商纳入党政决策的重要一环。与此同时，人民政协参与民主选举，各级政协委员虽然是推荐协商产生的，但政协主席、副主席、秘书长和常务委员都是由政协全体会议选举产生的，这也是民主选举的一种形式。参加政协的各党派团体、各族各界人士通过各种会议、视察考察等形式，对关系国计民生的重大问题开展协商议政，提出意见建议，对推动党政决策科学化民主化具有重要作用。广大政协委员通过提案、反映社情民意等形式，反映民意、广集智慧、凝聚共识，参与国家和社会事务的民主管理，把政协制度优势转化为国家治理效能。人民政协围绕党和国家重大方针政策和重要决策部署的贯彻落实情况，以提出意见、批评、建议的方式开展协商式监督，协助党和政府解决问题、改进工作。所以，从过程上看，人民政协贯穿民主选举、民主协商、民主决策、民主管理、民主监督等各环节，其自身成为全过程人民民主的重要环节。

协商民主体现了全过程人民民主的本质。习近平总书记在中央政协工作会议暨庆祝中国人民政治协商会议成立70周年大会上的讲话中指出："70年的实践证明，人民政协制度具有多方面的独特优势。""实践充分证明，中国式民主在中国行得通、很管用。"人民政协就是这种广泛真实管用的民主制度。人民政协团结面很广，覆盖面很宽，几乎涵盖了方方面面、各行各业的代表人士。人民政协履职内容非常广泛，可以聚焦党和国家中心任务，围绕统筹推进"五位一体"总体布局、协调推进"四个全面"战略布局，紧扣解决好发展不平衡不充分问题，就国家大政方针和地方的重要举措以及有关爱国统一战线的重要问题等开展各种履职活动，实现了对党委政府工作的全方位参与。人民政协履职的形式很丰富，包括调查研究、视察考察、提案、反映社情民意、会议、座谈等。人民政协在全方位、全覆盖参与的同时，把协商民主贯穿履职全过程，坚持发扬民主和增进团结相互贯通、建言资政和凝聚共识双向发力，集协商、监督、参与、合作于一体，有效推动全过程人民民主的价值和理念转化为具体现实的民主实践，更好实现了人民群众的知情权、参与权、表达权、监督权，更好实现了过程民主和成果民主、程序民主和实质民主、直接民主和间接民主、人民民主和国家意志相统一，使人民当家作主具体地现实地体现在党治国理政的政策措施上、具体地现实地体现在党和国家机关各个方面各个层级工作上，具体地现实地体现在实现人民对美好生活向往的工作上。人民政协对全过程人民民主发挥的重要作用，彰显了中国式民主的独特优势，体现全人类共同价值，为丰富和发展人类政治文明贡献了中国智慧、中国方案。

我国协商民主的主体为人民内部各方面，涵盖各党派、各团体、各民族、各阶层、各界别和各方面人士，具有极大的政治包容性。参与协商各方就共同性话题进行平等商量、寻求共识，在民主协商平台上，不强加于人、不各说各话、不偏激偏执。人民内部各方面在共同商量平台上进行平等交流和坦诚互动，无疑可以极大地增进政治共识，形成最大公约数，最大限度确保人们平等期待的表达和平等权利的实现，从而形成发展社会主义民主政治的强大合力。实践有力地证明，正是协商民主的这种独特功能和制度优势，赋予全过程人民民主以深邃的发展逻辑和广阔的发展前景。

和人大代表不一样，政协委员并不是选举产生的，而是以协商推荐的方式产生的。每届政协委员名额和人选经上届全国委员会主席会议审议同意后，由常务委员会协商决定。我国对全国政协换届工作高度重视，明确了总的原则和要求，成立了换届人事安排小组，充分借鉴十九大代表推荐提名的经验，认真组织开展全国政协委员人选推荐提名工作。推荐提名工作突出党的领导，经过充分沟通协商。而作为委员人选本身，必须经过政治关、廉洁关、形象关的重重考验。综合考察其政治表现、工作情况、形象口碑和担任政协委员期间的履职情况等，对政治上、廉洁上有问题和社会形象不佳、履职情况不好的人选，坚决不作安排。

经过严格把关最终产生的人选建议名单，适应新时代全国政协作为最广泛爱国统一战线组织和协商民主重要渠道的要求，具有分布比较广泛、结构比较合理、进退比例适当、综合素质较高的特点。目前，十四届全国政协委员现有2169名，来自34个界别。其中，非中共委员占60.8%。56个民族都有委员。委员名单适应新时代全国政协作为最广泛爱国统一战线组织和协商民主重要渠道的要求，具有以下几个特点：一是代表性广泛。委员基本涵盖各领域、各方面，分布比较广泛。二是结构进一步优化。积极推荐在实施国家重大发展战略、打好三大攻坚战、疫情防控、防灾减灾等重大斗争、重大任务中表现突出的优秀分子作为委员，也统筹考虑民族、宗教以及非公有制经济人士、新的社会阶层人士的安排。三是新任和连任比例比较适当。在保留一定数量十三届委员基础上，补充一批各行各业优秀人才。四是委员素质较高。普遍具有良好的思想政治素质、专业素质、文化素质和较强的参政议政能力，群众基础和社会形象较好。

协商议题广泛，主题突出。既有构建新发展格局、发展实体经济、促进重大原始创新、新能源汽车产业健康发展、保障国家粮食安全、推进污染防治攻坚战、建设更高水平的平安中国、办好人民满意的教育、大运河文化带建设、推进境外经贸合作区建设等事关经济社会发展的重大问题，也有应对人口老龄化、农村基本公共文化服务、外卖食品安全监管、法律法规制定修订等涉及人民群众切身利益的实际问题。政协委员紧紧围绕“十四五”规划制定和实施献计出力，规划编制过程中组织开展35次议政活动；围绕巩固拓展脱贫攻坚成果同乡村振兴有效衔接、促进乡村医疗卫生健康等，持续开展视察调研71次；围绕完善重大疫情防控机制、健全公共卫生服务体系和应急管理体系等，依托委员履职平台开展全体委员参加的专项问卷调查，发挥协商座谈、提案办理、反映社情民意信息等作用，报送情况反映、意见建议 3500 多条。

据统计，截至 2023 年 3 月 5 日 20 时，政协第十四届全国委员会第一次会议共收到提案 5399 件。依据《中国人民政治协商会议全国委员会提案工作条例》和提案审查工作细则，经审查，立案 4689 件，并案 82 件，转为意见和建议 628 件。立案提案中，委员提案 4234 件，占 90.3%；各民主党派、人民团体和界别、委员小组等提案 455 件，占 9.7%。其中，经济建设方面提案 1989 件，占 42.4%；政治建设方面提案 412 件，占 8.8%；文化建设方面提案 341 件，占 7.3%；社会建设方面提案 1339 件，占 28.5%；生态文明建设方面提案 608 件，占 13%。

提案具有三个特点：一是提案围绕统筹推进“五位一体”总体布局、协调推进“四个全面”战略布局，聚焦完整准确全面贯彻新发展理念、加快构建新发展格局、着力推动高质量发展，着眼保障和改善民生，为强信心、稳预期、聚合力、开新局积极建言。二是委员们强化为国履职、为民尽责的责任担当，注重从专业所长、优势所在、发展所需精准选题，深入调研、提出建议，共有 1973 位委员提交提案，提案整体质量明显提高。三是提案工作信息化水平进一步提升，首次实现提案 100% 网上提交。

在古巴国际政治研究中心中国问题专家爱德华多·雷加拉多看来，中国的全过程人民民主贯穿选举、协商、决策、管理、监督各个环节，整个过程都确保人民的参与，在政府和人民之间建立了强有力的联系。巴西中国问题研究中心主任罗尼·林斯认为，全过程人民民主对中国治理的成功至关重要。“从世界范围看，中国的治理模式展现出极高效率，取得的成就令人瞩目。”

美国哈佛大学肯尼迪政府学院阿什民主治理与创新中心 2020 年发布的一份报告显示，自 2003 年以来，中国民众对政府的满意度始终保持高位，多年来一直在 90% 以上。马来西亚新亚洲战略研究中心主席翁诗杰认为，这一调查结果表明中国式民主为国家带来了高效治理，取得的成效符合人民的利益和需求。中国的全过程人民民主有完整的制度程序和参与实践，实现了过程民主和成果民主、程序民主和实质民主的统一。

全过程人民民主是全链条、全方位、全覆盖的民主，除了全国和地方“两会”，在制度层面还有民族区域自治制度和基层群众自治制度等。这些制度安排让民主贯穿到社会生活方方面面，团结汇聚起广大人民的智慧和力量，推动经济社会发展，真正造福人民。

团结鼓劲汇聚全党全国人民的智慧和力量

2023年3月13日，第十四届全国人民代表大会第一次会议在北京人民大会堂闭幕。大会高票通过了立法法草案、国务院机构改革方案和各项报告文件，产生了新一届国家机构和全国政协领导人员，党的二十大作出的战略部署、确立的行动指南通过法定程序转化为国家意志，是民主、团结、求实、奋进的大会，再次充分彰显了中国特色社会主义政治制度的无比优越性和强大生命力。习近平总书记在会上发表了重要讲话，他强调：要按照党的二十大的战略部署，坚持统筹推进“五位一体”总体布局、协调推进“四个全面”战略布局，加快推进中国式现代化建设，团结奋斗，开拓创新，在新征程上作出无负时代、无负历史、无负人民的业绩，为推进强国建设、民族复兴作出我们这一代人的应有贡献。

一、坚定不移推动高质量发展

高质量发展关系我国社会主义现代化建设全局。习近平总书记着眼全党全国人民的中心任务，强调“在强国建设、民族复兴的新征程，我们要坚定不移推动高质量发展”。

新时代十年是我国经济社会发展取得历史性成就、发生历史性变革、转向高质量发展的十年。党的十八大以来，以习近平同志为核心的党中央科学把握我国发展大势，提出并贯彻新发展理念，着力推进高质量发展，推动构建新发展格局，实施供给侧结构性改革，引领我国经济迈上更高质量、更有效率、更加公平、更可持续、更为安全的发展之路。十年来，我国经济实力实现历史性跃升，对世界经济增长的贡献在全球居于首位，战略性新兴产业发展壮大，发展的平衡性协调性包容性持续提高，生态环境呈现明显改善和趋势性好转，共建“一带一路”走深走实，创新型国家建设取得重大进展。特别是历史性地解决了绝对贫困问题，如期全面建成小康社会，实现第一个百年奋斗目标，迈上全面建设社会主义现代化国家新征程。实践充分证明，推动高质量发展是遵循经济发展规律、保持经济持续健康发展的必然要求，是适应我国社会主要矛盾变化、解决发展不平衡不充分问题的必然要求，是有效防范化解各种重大风险挑战、以中国式现代化全面推进中华民族伟大复兴的必然要求。

习近平总书记强调：“从现在起到本世纪中叶，全面建成社会主义现代化强国、全面推进中华民族伟大复兴，是全党全国人民的中心任务。”党的二十大报告提出：“高质量发展是全面建设社会主义现代化国家的首要任务。”当前，我国发展面临新的战略机遇、新的战略任务、新的战略阶段、新的战略要求、新的战略环境。必须深刻认识到，发展是党执政兴国的第一要务，没有坚实的物质技术基础，就不可能全面建成社会主义现代化强国。防范化解各类风险隐患，积极应对外部环境变化带来的冲击挑战，关键在于办好自己的事，提高发展质量，提高国际竞争力，增强国家综合实力和抵御风险能力。在强国建设、民族复兴的新征程，只有牢牢把握高质量发展这个首要任务，完整、准确、全面贯彻新发展理念，加快构建以国内大循环为主体、国内国际双循环相互促进的新发展格局，推动经济实现质的有效提升和量的合理增长，才能不断壮大我国经济实力、科技实力、综合国力。

高质量发展就是体现新发展理念的发展，实现高质量发展是中国式现代化的本质要求之一。坚定不移推动高质量发展，必须完整、准确、全面贯彻新发展理念，必须更好统筹质的有效提升和量的合理增长，必须坚定不移深化改革开放、深入转变发展方式，必须以满足人民日益增长的美好生活需要为出发点和落脚点。加快实现高水平科技自立自强是推动高质量发展的必由之路，要深入实施科教兴国战略、人才强国战略、创新驱动发展战略，着力提升科技自立自强能力，不断开辟发展新领域新赛道、塑造发展新动能新优势。加快构建新发展格局是推动高质量发展的战略基点，要把实施扩大内需战略同深化供给侧结构性改革有机结合起来，坚持把发展经济的着力点放在实体经济上，夯实我国经济发展的根基、增强发展的安全性稳定性，不断增强我国的生存力、竞争力、发展力、持续力。农业强国是社会主义现代化强国的根基，推进农业现代化是实现高质量发展的必然要求，要切实保障粮食和重要农产品稳定安全供给，把产业振兴作为乡村振兴的重中之重，提高农业质量效益和竞争力，加快建设宜居宜业和美乡村，以更加积极的作为确保全面推进乡村振兴落地见效。人民幸福安康是推动高质量发展的最终目的，要始终把最广大人民根本利益放在心上，坚持增进民生福祉，把高质量发展同满足人民美好生活需要紧密结合起来，把发展成果不断转化为生活品质，不断增强人民群众的获得感、幸福感、安全感。

纵观世界历史，一个现代化国家不仅需要经济总量的持续增长，更需要发展质量的提升和民生福祉的增进。高质量发展是中国式现代化的本质要求，是解决我国社会主要矛盾的关键举措。新时代十年，我国人均国内生产总值超过 1.27 万美元；全球创新指数排名由第 34 位上升到第 11 位；历史性解决绝对贫困问题，全面建成小康社会，经济实力、科技实力、综合国力和人民生活水平跃上了新的大台阶，我国发展站在新的更高历史起点上。但也要看到，我们的发展还存在不平衡不充分的问题，粗放的增长模式转变还不彻底，科技自立自强基础还不牢靠，生态资源环境的约束日益趋紧，内外部风险和不确定因素日益增多。新时代新征程，必须坚定不移推动高质量发展，推进经济总量规模继续扩大和发展质量效益进一步提高，让我们的发展更有效率、更加公平、更可持续、更为安全，为全面建设社会主义现代化国家筑牢更为坚实的物质基础。

必须深刻认识到，高质量发展是对经济社会发展方方面面的总要求。习近平总书记强调："高质量发展不只是一个经济要求，而是对经济社会发展方方面面的总要求；不是只对经济发达地区的要求，而是所有地区发展都必须贯彻的要求；不是一时一事的要求，而是必须长期坚持的要求。"就领域而言，高质量发展不是局限于经济领域，经济、社会、文化、生态等各领域都要体现高质量发展。比如社会公平、共同富裕、绿色发展等方面，都不是单纯的经济问题，必须促进各经济领域、各社会要素的协调发展、形成合力。就地区而言，高质量发展不是局限于经济发达地区，经济欠发达地区也要牢牢树立高质量发展的理念。绿水青山就是金山银山，在保护中发展，在发展中保护，把生态优势转化为经济优势，才是因地制宜推动高质量发展。就时间而言，破解发展不平衡不充分问题，聚焦重点领域、关键环节深化改革，坚定不移推动高质量发展，还有许多瓶颈要突破，需要锲而不舍、久久为功，持续推动高质量发展取得新成效。高质量发展已不是单一的经济发展要求，而是我国社会主义现代化强国建设进程中全方位、持续性的目标任务。

二、坚持中国式现代化道路

现代化起源于西方，是一场由工业革命带来的经济、政治、文化、思想等领域的深刻变革。现代化的发展极大地促进了西方的繁荣和发达。然而，西方的现代化也是一把双刃剑，带来繁荣的同时还带来了大量社会问题，引发了全球危机。中国注定要融入世界现代化进程，但中国必须走一条不同于西方的现代化之路，以中国式现代化全面推进中华民族伟大复兴。

习近平总书记指出，一个国家走向现代化，既要遵循现代化一般规律，更要符合本国实际，具有本国特色。中国式现代化既有各国现代化的共同特征，更有基于自己国情的鲜明特色。中国式现代化是人口规模巨大的现代化，是全体人民共同富裕的现代化，是物质文明和精神文明相协调的现代化，是人与自然和谐共生的现代化，是走和平发展道路的现代化。这五个方面的中国特色，既是理论概括，也是实践要求，为全面建成社会主义现代化强国、实现中华民族伟大复兴指明了一条康庄大道。这五个方面的中国特色集中体现了中国式现代化不同于其他国家现代化的特点，反映了中国国情的特殊性和人类现代文明共同性的辩证统一。

人口规模巨大的现代化，决定了中国式现代化必须坚持中国共产党领导，坚定不移走中国特色社会主义道路，发展全过程人民民主，体现全体人民共同意志。人口规模巨大是中国式现代化面临的基本国情和重要特征。巨大的人口规模赋予了中国式现代化独特的优势与机遇，也会面临困难和挑战。一方面，巨大的人口规模使我国有条件建设超大规模的国内统一大市场，并具备丰富的人力资源，为中国式现代化提供发展条件。另一方面，巨大的人口规模同样给中国式现代化提出了更高的要求、带来了更多的困难和挑战。一是人口规模巨大意味着对于自然资源的消耗大，要求我们加快创新发展。二是人口规模巨大意味着对社会资源的更多需求。三是人口规模巨大意味着会出现更多纷繁复杂的矛盾和问题。因此，推进中国式现代化，必须坚持中国共产党领导，坚持中国特色社会主义道路，发展全过程人民民主，体现全体人民共同意志。推进中国式现代化，必须坚持党的领导，充分发挥党总揽全局、协调各方的领导核心作用，加强对现代化建设中的根本性、全局性、长远性问题的谋划和部署，引领人口规模巨大的现代化不断迈出坚实步伐。推进中国式现代化，必须坚持中国特色社会主义道路，充分发挥社会主义制度集中力量办大事的优势，着力解决好人口规模巨大带来的难题，在统筹兼顾中协调处理好现代化建设各方面各领域的关系。

全体人民共同富裕的现代化，决定了中国式现代化必须坚持以人民为中心的发展思想，把实现人民对美好生活的向往作为现代化建设的出发点和落脚点，着力维护社会公平正义，坚决防止两极分化。实现全体人民共同富裕，是中国式现代化的本质要求和鲜明指向，凸显了中国式现代化的社会主义性质，也是区别中国式现代化与西方现代化的一个重要标志。中国式现代化承载着实现全体人民共同富裕的光荣使命，超越了西方现代化模式带来的贫富悬殊、平均主义或福利主义。同时也必须认识到，共同富裕是一个长期的历史过程，不可能一蹴而就，对其长期性、艰巨性、复杂性要有充分估计。因此，党的十八大以来，以习近平同志为核心的党中央把握新发展阶段新的变化，把实现全体人民共同富裕摆在更加突出的位置，并将其作为中国式现代化的本质要求之一。

物质文明和精神文明相协调的现代化，决定了中国式现代化必须既实现高质量发展又丰富人民精神世界。现代化需要实现物质层面现代化和精神层面现代化的统一，中国式现代化的目标之一是促进物的全面丰富和人的全面发展。一方面，物质文明建设是全面建成社会主义现代化强国的基础和前提，高质量发展是全面建设社会主义现代化国家的首要任务。另一方面，区别于西方物质主义膨胀的现代化，中国式现代化不仅要求实现全体人民物质生活水平提高，而且要求实现全体人民精神文化生活丰富，是物质文明和精神文明相协调的现代化。为此，需以辩证的、全面的、平衡的观点正确处理物质文明和精神文明的关系，坚持高质量发展，不断厚植现代化的物质基础，不断夯实人民幸福生活的物质条件。同时，大力发展社会主义先进文化，弘扬社会主义核心价值观，传承红色基因，赓续红色血脉，不断丰富人民精神世界。

人与自然和谐共生的现代化，决定了中国式现代化必须处理好人与自然的关系。尊重自然、顺应自然、保护自然，是全面建设社会主义现代化国家的内在要求。人与自然和谐共生的现代化解决了西方现代化进程中人与自然相矛盾的问题，实现了对资本主义现代化的超越。在推进中国式现代化的探索实践中，我们党深刻认识到，推进中国式现代化，要注重同步推进物质文明建设和生态文明建设，只有高楼大厦、没有绿水青山的现代化不是真正的现代化。同时，人与自然和谐共生，不是不发展、不作为，而是要走生态优先、绿色发展之路，实现高质量发展。因此，党的十八大以来，以习近平同志为核心的党中央把生态文明建设摆在全局工作的突出位置，作出一系列重大战略部署，取得明显成效。事实一再证明，推进中国式现代化，必须牢固树立和践行绿水青山就是金山银山的理念，站在人与自然和谐共生的高度谋划发展。人与自然是生命共同体，无止境地向自然索取甚至破坏自然必会遭到大自然的报复。人口规模巨大和现代化的后发性，决定了我国实现现代化将面临更大的资源环境约束。因此，推进中国式现代化，必须处理好人与自然的关系，既要创造更多物质财富和精神财富以满足人民日益增长的美好生活需要，也要提供更多优质生态产品以满足人民日益增长的优美生态环境需要，实现人与自然和谐共生，建设绿色中国、美丽中国。

走和平发展道路的现代化，决定了中国式现代化必须推动构建人类命运共同体，创造人类文明新形态。走和平发展道路是中国式现代化的重要内涵和特征，这是由三个方面因素决定的。一是中华民族历来崇尚和平。历史上形成的崇尚和平的文化基因、对和平和睦和谐的持久追求和殷殷期盼构成了中国走和平发展道路实现现代化的不竭动力和良好愿望。二是营造并保持一个和平稳定的国际环境，对实现中国式现代化至关重要。和平的国际环境既是中国人民的需要，又是世界人民的需要。三是实现现代化必须顺应和平、发展、合作、共赢的历史潮流。中国式现代化要求推动构建人类命运共同体，这就表明中国不走一些国家通过战争、殖民、掠夺等方式实现现代化的老路，而是坚持走和平发展道路，坚定站在历史正确的一边。同时，中国式现代化作为后发现代化国家开辟的发展道路，对于西方现代化道路进行了扬弃。习近平总书记强调："中国式现代化，深深植根于中华优秀传统文化，体现科学社会主义的先进本质，借鉴吸收一切人类优秀文明成果，代表人类文明进步的发展方向，展现了不同于西方现代化模式的新图景，是一种全新的人类文明形态。"这就从人类文明进步的视角，对比中国式现代化和西方现代化模式，深刻揭示了中国式现代化是一种全新的人类文明形态。这种形态打破了"现代化 = 西方化"的迷思，展现了人类现代化的另一幅图景，拓展了发展中国家走向现代化的路径选择，为人类对更好社会制度的探索提供了中国方案，给世界上那些既希望加快发展又希望保持自身独立性的国家和民族提供了全新选择、树立了典范。

我们用几十年时间走完西方发达国家几百年走过的工业化历程，创造了经济快速发展和社会长期稳定的奇迹，为中华民族伟大复兴开辟了广阔前景。实践证明，中国式现代化走得通、行得稳，是强国建设、民族复兴的唯一正确道路。我们要牢牢把握历史主动，自信自强、守正创新，大力推进中国式现代化，向着民族复兴的光明前景阔步前行。

三、不断为强国建设、民族复兴伟业添砖加瓦、增光添彩

"强国建设、民族复兴的接力棒，历史地落在我们这一代人身上。"习近平总书记从党和国家事业发展全局的高度，着眼全党全国人民的中心任务，对

推进强国建设、民族复兴提出明确要求、作出重大部署，强调“我们要只争朝夕，坚定历史自信，增强历史主动，坚持守正创新，保持战略定力，发扬斗争精神，勇于攻坚克难，不断为强国建设、民族复兴伟业添砖加瓦、增光添彩！”习近平总书记的重要讲话，坚守人民立场、坚定历史自信、彰显使命担当、指引前进方向，引发热烈反响，必将激励全国各族人民在强国建设、民族复兴新征程踔厉奋发、勇毅前行。

近代以后，中华民族遭受了前所未有的劫难，国家蒙辱、人民蒙难、文明蒙尘。中国大地上诞生了中国共产党，这是开天辟地的大事变。为了实现中华民族伟大复兴，中国共产党团结带领中国人民，以“为有牺牲多壮志，敢教日月换新天”的大无畏气概，书写了中华民族几千年历史上最恢宏的史诗。党的十八大以来，以习近平同志为核心的党中央统筹中华民族伟大复兴战略全局和世界百年未有之大变局，以伟大的历史主动精神、巨大的政治勇气、强烈的责任担当，团结带领人民迎难而上、砥砺前行，党和国家事业取得历史性成就、发生历史性变革，推动我国迈上全面建设社会主义现代化国家新征程，成功推进和拓展了中国式现代化，创造了人类文明新形态，中华民族迎来了从站起来、富起来到强起来的伟大飞跃，实现中华民族伟大复兴进入了不可逆转的历史进程。

习近平总书记强调：“从现在起到本世纪中叶，全面建成社会主义现代化强国、全面推进中华民族伟大复兴，是全党全国人民的中心任务。”奋进在充满光荣和梦想的新征程上，我们比历史上任何时期都更接近、更有信心和能力实现中华民族伟大复兴的目标，同时必须准备付出更为艰巨、更为艰苦的努力，准备经受风高浪急甚至惊涛骇浪的重大考验。党的二十大擘画了全面建设社会主义现代化国家、以中国式现代化全面推进中华民族伟大复兴的宏伟蓝图，吹响了奋进新征程的时代号角。使命越是光荣、任务越是艰巨，越要坚定历史自信、增强历史主动，在以习近平同志为核心的党中央坚强领导下，按照党的二十大的战略部署，紧紧围绕中心任务，坚持统筹推进“五位一体”总体布局、协调推进“四个全面”战略布局，加快推进中国式现代化建设，团结奋斗，开拓创新，一步一个脚印把前无古人的开创性事业推向前进。

强国建设、民族复兴的宏伟目标令人鼓舞，催人奋进。习近平主席强调在强国建设、民族复兴的新征程上，要“坚定不移推动高质量发展”“始终坚持人民至上”“更好统筹发展和安全”“扎实推进‘一国两制’实践和祖国统一大业”“努力推动构建人类命运共同体”。新征程上，把我国发展进步的命运牢牢掌握在自己手中，把党的二十大擘画的宏伟蓝图变为现实，就要牢牢把握高质量发展这个首要任务，完整、准确、全面贯彻新发展理念，加快构建新发展格局，不断壮大我国经济实力、科技实力、综合国力；积极发展全过程人民民主，贯彻以人民为中心的发展思想，让现代化建设成果更多更公平惠及全体人民，凝聚起强国建设、民族复兴的磅礴力量；贯彻总体国家安全观，以新安全格局保障新发展格局，把人民军队建设成为有效维护国家主权、安全、发展利益的钢铁长城；全面准确、坚定不移贯彻“一国两制”、“港人治港”、“澳人治澳”、高度自治的方针，贯彻新时代党解决台湾问题的总体方略；扎实推进高水平对外开放，高举和平、发展、合作、共赢旗帜，为世界和平发展增加更多稳定性和正能量，为我国发展营造良好国际环境。

“推进强国建设，必须坚持中国共产党领导和党中央集中统一领导，切实加强党的建设。”要深刻认识到，中国共产党是领导我们事业的核心力量，党的领导是实现中华民族伟大复兴的根本保证，是党和国家事业不断发展的“定海神针”。只有坚定不移坚持党的全面领导、维护党中央权威和集中统一领导，才能确保我国社会主义现代化建设正确方向，确保拥有团结奋斗的强大政治凝聚力、发展自信心，集聚起万众一心、共克时艰的磅礴力量。我们党作为世界上最大的马克思主义执政党，要始终赢得人民拥护、巩固长期执政地位，必须时刻保持解决大党独有难题的清醒和坚定。只要勇于自我革命，一刻不停全面从严治党，坚定不移反对腐败，始终保持党的团结统一，就能确保党永远不变质、不变色、不变味，为强国建设、民族复兴提供坚强保证。

历史长河波澜壮阔，一代又一代人接续奋斗创造了今天的中国。向着新目标，奋楫再出发，让我们更加紧密地团结在以习近平同志为核心的党中央周围，全面贯彻习近平新时代中国特色社会主义思想，深刻领悟“两个确立”的决定性意义，增强“四个意识”、坚定“四个自信”、做到“两个维护”，牢记“国之大者”，在新征程上作出无负时代、无负历史、无负人民的业绩，为推进强国建设、民族复兴作出我们这一代人的应有贡献！

参考文献

1. 习近平：《高举中国特色社会主义伟大旗帜为全面建设社会主义现代化国家而团结奋斗：在中国共产党第二十次全国代表大会上的报告》，人民出版社 2022 年版。

2.《党的二十大报告辅导读本》，人民出版社 2022 年版。

3. 中华人民共和国国务院新闻办公室：《中国的民主》，人民出版社 2021 年版。

4.《中国共产党简史》，人民出版社 2021 年版。

5.《中共中央关于党的百年奋斗重大成就和历史经验的决议》，人民出版社 2021 年版。

思考题

1. 如何理解2023年全国“两会”是贯彻落实党的二十大精神的一次重要会议？

2. 全过程人民民主是如何形成的？全过程人民民主是一个系统完备的科学理论体系，都有哪些内容？

3. 为什么说全国“两会”是贯彻落实全过程人民民主的具体实践？

4. 如何在强国建设、民族复兴新征程中作出贡献？

专题三

坚定信心稳中求进，全面推进我国经济社会高质量发展

知识要点

党的二十大报告指出，从现在起，中国共产党的中心任务就是团结带领全国各族人民全面建成社会主义现代化强国、实现第二个百年奋斗目标，以中国式现代化全面推进中华民族伟大复兴。高质量发展是全面建设社会主义现代化国家的首要任务。未来五年是全面建设社会主义现代化国家开局起步之年。

当今世界百年未有之大变局进入加速演进的新的动荡期，叠加世纪疫情影响，我国改革发展稳定进入新的深水区，国内发展环境面临的形势更加错综复杂，各种不确定难预料因素明显增多，尤其是经济运行面临着需求收缩、供给冲击、预期转弱的三重压力，经济发展存在不少困难挑战。但也要看到，党的十八大以来，中国特色社会主义进入新时代。新时代十年的伟大变革，中国经济巨轮穿越惊涛骇浪，取得彪炳史册的发展成就，这是中国经济砥砺前行的最坚实基础，中国经济韧性强、潜力大、活力足、长期向好的基本面并没有改变。

我们要坚定信心、锐意进取、稳中求进，主动识变应变求变，主动防范化解风险，先立足当下，保持经济平稳运行，为实现党的二十大擘画的全面建成社会主义现代化强国的宏伟目标开好局起好步。

正确看待我国经济发展面临的困难挑战

国家统计局2023年4月18日发布今年一季度经济运行数据，我国国内生产总值（GDP）按不变价格计算同比增长4.5%，高于疫情三年以来平均增长3%的水平，显示今年一季度以来，随着疫情防控较快平稳转段，各项稳增长稳就业稳物价政策举措发挥有力有效，经济运行的积极因素累积增多，国民经济企稳回升，开局总体良好。

2023年“两会”通过的《政府工作报告》审时度势，确定今年国内生产总值增长5%左右的预期目标，这是一个鼓舞人心、催人奋进、实事求是但也不是可以轻轻松松就能实现的发展目标。综合分析当前的国内外形势，要完成全年经济社会发展目标，下一阶段我们仍要为之付出艰苦的努力。

一、从国际环境看

世界经济长期低迷的现状还没有改变的迹象，世界进入新的动荡变革期。

首先，世纪疫情影响深远仍需要一个较长修复期。自2020年一场突如其来的新冠疫情席卷整个世界，直接影响人们的身体健康和生命安全。过去三年多，全球经历由阿尔法、德尔塔、奥密克戎等变异毒株引发的多轮疫情高峰。世界卫生组织数据显示，全球累计报告确诊病例逾7.6亿，死亡病例超过690万人。作为重灾区的世界最大经济体的美国，经济损失就超过20多万亿美元，因疫情造成的死亡人数在100万人以上。疫情还阻断了国家间正常的贸易往来，产业链供应链受阻，劳动力流动大大减少，世界经济遭遇重大冲击，全球经济增速降至历史最低。2023 年 5 月 5 日，世界卫生组织经过评估后宣布新冠肺炎疫情不再构成“国际关注的突发公共卫生事件”。但世界卫生组织总干事谭德塞也指出，“这不意味着新冠肺炎疫情不再是全球健康威胁”，这表明全球对待此次疫情的后续影响仍处于观察之中，特别是由此次疫情造成的对全球经济和社会心理的影响还要有一个较长恢复期。

其次，全球政治经济格局还在发生深度演变。近年来一些西方国家在政治上恃强凌弱、强取豪夺、零和博弈等霸权霸凌行径危害加深，和平赤字、发展赤字、安全赤字、治理赤字加重；在经济上逆经济全球化思潮抬头，单边主义、保护主义明显上升。随着中国经济的快速成长，西方国家视中国为发展“威胁”，进行全方位围堵遏制，其中，一些国家不断挥动大棒在贸易、关税、科技、金融乃至意识形态等领域对华进行无上限的“围剿”，企图与中国“断链脱钩”，这对于中国发展来说，来自外部的打压遏制随时可能升级。

再次，地缘政治冲突和动荡频发威胁世界发展安全。“俄乌冲突”一年多来至今仍未出现缓解势头，两国作为粮食、能源主要出口国，因政治冲突导致重要初级商品出口受限，加上西方国家对俄实施各种方式的制裁，引致全球性大宗商品价格上涨，欧美国家出现了自 20 世纪 70 年代以来最严重的通货膨胀，人民生活水平受到很大影响。美国政府为解决高通胀问题，在一年多时间内连续九次快速加息，其频度、力度前所未有，由此引发了中小银行破产危机，美国政府债务上限也可能突破历史高位。许多国际机构预测美国很可能进入衰退，美国经济衰退必然影响全球经济复苏。2023 年年初，世界主要经济预测机构纷纷调低了今年全球经济增长水平，世界经济和贸易动能还在减弱。

然后，新一轮科技革命和产业变革深入发展。大数据、人工智能等现代信息技术飞速发展，正在改变人类生产生活方式和社会治理方式，正在推进各类产业发生变革。科技竞争在国与国之间已深度展开，谁能站在科技创新的制高点，谁就能掌握未来。基于算力的各种大数据、大模型的知识体系、技术体系开发开放也在加速人类由后工业社会向智慧社会转变。科技创新是一把“双刃剑”，在给人类带来巨大福祉的同时，或有可能对人类发展未来产生威胁。目前各国都在制定新的科技发展政策，引导技术变革更多更公平更普惠地造福人类，但世界也站在了历史的十字路口，何去何从取决于各国人民的选择。

最后，气候变化等全球性问题加剧。据联合国气候变化专门委员会分析，当前地球温度是 12.5 万年来最高水平，且在未来 30 年还会继续上升。全球高温加速冰川融化，导致海平面上升加速，过去一个世纪，海平面一直在上升，近十年上升速率明显加快；高温导致雨水减少，河流和湖泊蒸发，水位大幅下降，引起大范围干旱，直接威胁农业生产。气候变化对整个人类进程产生重大影响，世界各国必须居安思危，未雨绸缪，加强协作和集体行动，积极参与应对气候变化全球治理。目前发达国家与发展中国家在承担解决气候变化问题的责任与义务上还不对等，在国际场合还存在意见和行动的冲突。

二、从国内环境看

伴随着近几年新冠肺炎疫情对经济的冲击，我国经济运行面临需求收缩、供给冲击、预期转弱三重压力，我国改革发展稳定还存在不少深层次矛盾躲不开、绕不过，当前经济下行压力依然较大。

首先，从需求端看，需求不足仍是突出矛盾。我们一般把需求分为消费需求和投资需求。从消费需求看，过去三年，受疫情超预期冲击影响，消费作为国民经济主动力的作用出现较大波动，2020—2022 年，最终消费对经济增长的贡献率分别为 54.1%、65.4% 和 32.8%，三年平均大幅低于疫情前近 60% 的水平。虽然，2023年春节消费市场、五一小长假文旅市场出现了较强复苏态势，但消费的全面恢复和进一步扩大仍面临较大压力，存在服务消费、住行消费等消费场景恢复偏慢，消费能力提升困难，消费潜力释放面临障碍，消费环境条件亟待优化等问题。据国家统计局统计，2023年1—4月，社会消费品零售总额同比下降0.2%。其中，4月，社会消费品零售总额同比下降11.1%。其中，商品零售同比下降9.7%；餐饮收入下降22.7%。后续还亟待全面促进消费的各项政策进一步加力提效。从投资需求看，2023年一季度，投资需求拉动经济增长1.6个百分点，与疫情前相比较低；固定资产投资名义增长5.1%，与去年全年持平。其中，制造业投资同比增长7%，比去年全年回落了2.1个百分点；基础设施投资增长8.8%，比去年回落0.6个百分点；房地产开发投资比去年同期下降5.8%，降幅收窄了4.2个百分点。显然制造业投资和基础设施投资增速仍在回落，尤其是制造业投资增速回落幅度较大。1—4月，全国固定资产投资同比增长6.8%，比1—3月又回落2.5个百分点。其中，基础设施投资同比增长6.5%，制造业投资增长12.2%，房地产开发投资下降2.7%。

其次，从供给端看，这几年受疫情冲击产业链供应链和西方国家大宗商品涨价影响，能源、原材料等上游商品价格快速上涨，虽然部分上游端工业企业受益，但更多的中下游工业企业成本压力加大，而市场消费端难以出现恢复性增长，各类企业就受到两端挤压，营业收入和利润增长都面临很大压力。据国家统计局统计，2023年1—4月，全国规模以上工业企业营收同比增长0.5%，利润却同比下降20.6%；4月，规模以上工业企业营收同比增长3.7%，利润同比下降18.2%。其中，1—4月，规模以上工业企业中，国有控股企业实现利润总额同比下降17.9%；股份制企业实现利润总额下降22.0%；外商及港澳台商投资企业实现利润总额下降16.2%；私营企业实现利润总额下降22.5%。各类所有制企业的利润大幅下滑，不仅直接影响企业再投资和推进转型升级、深化供给侧结构性改革的积极性，也影响职工收入提高和社会保障支出增加。

再次，预期转弱。对未来市场预期的减弱很大程度会影响企业投资和居民消费，在经济下行期市场预期是影响经济复苏的重要变量。国家统计局发布的数据显示，2023 年 4 月，全国居民消费价格指数（CPI）同比上涨 0.1%，环比下降 0.1%；全国工业生产者出厂价格指数（PPI）同比下降 3.6%，环比下降 0.5%。这些数据表现都低于市场预期，说明目前国内需求市场处于收缩态势。2023 年 4 月，制造业采购经理指数（PMI）为 49.2%，比上月下降 2.7 个百分点，低于临界点，说明制造业景气水平仍在回落。受疫情影响减弱，服务业修复要好于制造业，4 月服务业商务活动指数（PMI）在 55.1%，处于较好水平。另外从央行发布的 4 月金融统计数据报告看，人民币信贷投放量减少，社融增量出现下降，住户短期贷款和中长期贷款均出现回落，表明居民消费信心和购房等大宗商品消费意愿还在减弱，恢复市场信心尚需要一个过程。

2023 年《政府工作报告》作出的判断是：国内经济增长企稳向上基础尚需巩固，需求不足仍是突出矛盾，民间投资和民营企业预期不稳，不少中小微企业和个体工商户困难较大，稳就业任务艰巨，一些基层财政收支矛盾较大。房地产市场风险隐患较多，一些中小金融机构风险暴露。发展仍有不少体制机制障碍。科技创新能力还不强。生态环境保护任重道远。防灾减灾等城乡基础设施仍有明显薄弱环节。一些民生领域还存在不少短板等。

总体来看，当前我国经济虽然出现了明显的回稳向上良好态势，但也面临不少困难挑战，这既有世界经济长期低迷的因素，又有我国经济社会发展自身存在的不少深层次问题。为此，我们需要进一步解放思想，实事求是，开拓创新，直面问题挑战，保持战略定力、发扬历史主动精神，主动识变应变求变，主动防范化解风险，着力推进高质量发展，努力促进经济质的提升和量的合理增长。

增强发展韧性　提振发展信心　促进经济平稳运行

越是在形势复杂之时，越要全面、客观、辩证看待我国经济发展形势，越要科学把握机遇与挑战并存的辩证关系。我们必须看到，国内经济发展尽管存在不少现实矛盾和挑战，但如果能够应对好挑战，我们就能赢得机遇，发展也会迎来更大空间。更何况，我国经济长期向好的基本面没有变，潜力足、韧性大、活力强、回旋空间大、政策工具多的基本特点没有变，我国经济实现高质量发展具有明显的制度优势、体制优势、政策优势和强大的产业基础、市场基础和人力资本条件。这些优势和条件，都是增强对我国经济发展整体可控、长期向好的信心和底气所在。

一、深刻认识中国经济韧性强、潜力大、活力足的突出优势

进入新时代，在习近平新时代中国特色社会主义思想的科学指引下，我国经济社会发展取得历史性成就、发生历史性变革，历史性地解决了绝对贫困问题，如期全面建成小康社会，经济实力、科技实力、综合国力显著增强，中国经济韧性强、潜力大、活力强具有了更为坚实的思想基础、制度基础、物质基础和人才基础。

首先，我们有中国特色社会主义显著的制度优势。党的十八大以来，以习近平同志为核心的党中央，坚持把马克思主义基本原理同中国具体实际相结合、同中华优秀传统文化相结合，创立了习近平新时代中国特色社会主义思

想，推动党和国家事业全面迈上新台阶。我们如期打赢脱贫攻坚战，实现了全面建成小康社会第一个百年奋斗目标。我国已成为世界第二大经济体、全球制造业第一大国、货物贸易第一大国、外汇储备第一大国，全球第二大消费市场和第一大网络零售市场，吸引外资和对外投资稳居世界前列，科技创新在许多领域已从过去跟跑转向并跑领跑阶段，经济发展平衡性、协调性、创新性、可持续性明显增强，走上更高质量、更有效率、更加公平、更可持续、更为安全的发展之路，我国经济发展所具备的巨大潜力已转化为强大经济实力，并不断创造新的战略机遇。实践证明，中国共产党的领导是党和国家的根本所在、命脉所在，是全国各族人民的利益所系、命运所系，坚持和加强党的全面领导，坚持中国特色社会主义道路，成为我国最大的政治优势和制度优势。全国人民深刻领悟“两个确立”的决定性意义，正意气风发大力拓展中国式现代化，全力战胜前进道路上各种困难挑战，依靠顽强斗争打开事业发展新天地。

其次，我们有社会主义市场经济鲜明的体制特色。社会主义市场经济是我们党的伟大创造，改革开放是党和人民大踏步赶上时代的重要法宝，是坚持和发展中国特色社会主义的必由之路，是决定当代中国命运的关键一招。我们坚持和完善社会主义基本经济制度，坚定不移坚持“两个毫不动摇”，不断完善促进共同富裕的分配制度，充分发挥市场在资源配置中的决定性作用，更好发挥政府作用，推动有效市场和有为政府更好结合。通过全面深化改革、高水平对外开放，社会生产力和经济活力实现前所未有的跃升；随着社会主义市场经济体制更加完善，国家治理能力和治理体系现代化水平日益增强，中国式现代化的发展动力、拥有 14 亿多人口的超大规模市场的潜力、具有齐全完整协同配套的产业体系和自主可控的产业链供应链的创新能力，都将被更多更有效地释放和激发出来，各类经济主体的活力、竞争力、创造力将会更加充沛。

再次，我们有更加科学更为成熟的战略把控能力。党的十八大以来，党和政府立足新的历史方位，既高瞻远瞩把握战略方向、制定战略部署，形成了娴熟的战略把控能力，又能灵活机动地相机调整策略，在危机中育先机，在变局中开新局，有效抵御了来自政治、经济、意识形态、自然界等各方面接踵而至的风险考验。特别是疫情发生后，以习近平同志为核心的党中央坚持以人民为中心的发展思想，审时度势，保持定力，有效统筹国际国内两个大局、统筹疫情防控和经济社会发展，统筹发展和安全，明确“五位一体”总体布局和“四个全面”战略布局，坚持稳中求进工作总基调，尤其在经济发展方面准确判断我国进入经济社会发展新常态，深化供给侧结构性改革，充分认识新发展阶段，完整准确全面贯彻新发展理念，加快构建以国内大循环为主体、国内国际双循环相互促进的新发展格局，深入实施科教兴国战略、人才强国战略、创新驱动发展战略和全面推进乡村振兴、促进区域协调发展，完善和创新宏观调控，综合运用财政政策和货币政策以及其他政策工具，不断增强消费对经济发展的基础性作用和投资对优化供给结构的关键作用，防范化解重大经济金融风险，着力推动高质量发展。如今，国家和民族发展进步的命运已经牢牢掌握在我们自己手中。

最后，我们有敢于拼搏勇于担当的创新人才队伍。我国有近 9 亿劳动力，每年新增劳动力都超过 1500 万，新增劳动力平均受教育年限从 13.5 年提高到 14 年，高等教育毛入学率从十年前的 45.7% 提高到现在的 59.6%，这说明我国接受高等教育的人口已超过 2.4 亿。虽然当前我国人口增长开始由正转负，但人口红利既要看总量、更要看质量，既要看人口、更要看人才。从近年来我国科技投入和强度来看，我国全社会 R&D(研究与试验发展) 投入，已从 2012 年的 1 万亿元增加到 2022 年的 3 万亿元；从科研人员总量和质量来看，我国从 2012 年的 325 万人年到 2022 年超过 600 万人年，这一规模多年保持世界第一。可以说，我国的“人口红利”没有消失，“人才红利”正在形成，人力资源丰富仍然是中国的突出优势，再加上中国人民一向具有勤劳智慧的优秀品质和艰苦创业、奋斗开拓的优良传统，以人口的现代化支撑中国式现代化必然具有更加广阔的发展未来。

二、正确把握党的二十大确定的推动高质量发展的宏观战略和整体布局，全面振兴“开局之年”的中国经济

党的二十大报告将高质量发展作为全面建设社会主义现代化国家的首要任务，并作出全面的战略部署。未来五年是全面建设社会主义现代化国家开局起步之年。2023 年《政府工作报告》贯彻党的二十大和 2022 年年末中央经济工作会议精神，提出了 2023 年要实现的主要经济预期目标和重点工作任务。我们要继续把握好“三个统筹”，继续推进全面深化改革开放，大力提振市场信心，把实施扩大内需战略同深化供给侧结构性改革有机结合起来，突出做好稳增长、稳就业、稳物价工作，推动经济运行整体好转，尽快实现经济质的有效提升和量的合理增长，为“开局之年”的中国经济全面振兴扎扎实实做好每一项经济工作。

一是稳定市场预期，着力扩大国内需求。消费是最终需求，是经济发展的基础性动力，是实现人民不断增长的对美好生活需要的落脚点，也是促进经济回稳的重要引擎。比如，2021 年我国最终消费支出对经济增长的贡献率达 65.4%，比资本形成总额的贡献率高 51.7 个百分点，成为经济增长的第一驱动力。近十年，人民群众生活水平虽有很大提高，但要实现从“有没有”到“好不好”，还有许多消费空间亟待开拓和提升。近三年的疫情影响，消费受到很大遏制。今年要把恢复和扩大消费摆在优先位置。围绕稳定大宗消费、提升服务消费、拓展农村消费、营造放心消费环境等方面出台政策举措，尽快释放居

民消费潜力。同时，要积极扩大投资需求，以政府投资和政策激励有效带动全社会投资，用好地方政府专项债券，加快实施“十四五”重大工程，实施城市更新行动，促进区域优势互补、各展其长，继续加大对受疫情冲击较严重地区经济社会发展的支持力度，鼓励和吸引更多民间资本参与国家重大工程和补短板项目建设。当然，最关键的是要多渠道增加城乡居民收入，形成创新就业、收入分配和消费全链条良性循环促进机制，切实稳定市场预期，增强居民消费能力和民间投资活力。

二是推动创新驱动，加快建设现代化产业体系。要进一步强化教育、科技、人才这个全面建设社会主义现代化国家的基础性、战略性支撑。以科技创新带动现代化产业体系建设，坚持把发展经济的着力点放在实体经济上，依靠创新培育壮大发展新动能。持续开展产业强链补链行动，围绕制造业重点产业链，集中优质资源合力推进关键核心技术攻关，充分激发创新活力。加强重要能源、矿产资源国内勘探开发和增储上产。加快传统产业和中小企业数字化转型，着力提升高端化、智能化、绿色化水平。加快前沿技术研发和应用推广，促进科技成果转化。建设高效顺畅的物流体系。加快发展数字经济，优化基础设施布局、结构、功能和系统集成，构建现代化设施体系。

三是深化改革开放，更大激发市场活力和社会创造力。按照构建高水平社会主义市场经济体制的要求，着力破解深层次体制机制障碍，坚定不移贯彻“两个毫不动摇”，为各类所有制企业创造公平竞争、竞相发展的环境，用真招实策稳定市场预期和提振市场信心。加快构建全国统一大市场，深化要素市场化改革，切实畅通国内经济大循环，依法规范和引导资本健康发展。同时，更大力度吸引和利用外资，扩大市场准入，落实好外资企业国民待遇，主动对照相关规则、规制、管理、标准，稳步扩大制度型开放；更大力度推动外贸稳规模、优结构，更大力度促进外资稳存量、扩增量，培育国际经贸合作新增长点；更大力度增强国际国内两个市场两种资源联动效应，提升贸易投资合作质量和水平，不断形成开放型经济的竞争新优势。

四是兜牢民生底线，切实防范化解重大风险。要紧紧抓住人民最关心最直接最现实的利益问题，着力解决好人民群众在就业、医疗、住房、教育、社会保障、收入分配和社会基本公共服务供给等领域的各种急难愁盼问题，坚决兜牢民生底线，坚持尽力而为、量力而行，增强均衡性和可及性，扎实推进共同富裕取得实质性进展。同时，要有效防范化解重大经济金融风险，完善金融监管，压实各方责任；有效防范化解优质头部房企风险，改善资产负债状况，防止无序扩张，促进房地产业平稳发展；防范化解地方政府债务风险，优化债务期限结构，降低利息负担，遏制增量、化解存量，防止形成区域性、系统性经济金融风险。

只要我们全面理解党和政府推动实现经济高质量发展的宏观战略、整体布局以及 2023 年“开局之年”振兴经济的各项重要举措，保持战略定力，集中力量办好自己的事，确保我国经济平稳运行，努力推动经济增长回到潜在增长水平，就一定能够把优势和条件转化为动能和活力，推动“中国号”巨轮继续劈波斩浪、行稳致远。

树立正确的就业观　多措并举落实就业优先政策

一、稳增长主要也是稳就业，就业是最基本的民生

如何看待 2023 年大学生就业形势是当前大学毕业生最为关心的重要问题。在今年高校毕业生新的毕业季，人力资源和社会保障部有关负责人向新闻媒体透露了我国就业的总体形势，指出，2022 年是党的十八大以来实施就业优先战略的第 10 年。这 10 年来，随着国家就业优先政策持续强化，城镇就业规模显著扩大，城镇新增就业人数年均 1300 万人。高校毕业生、农民工、就业困难人员等重点群体就业平稳，脱贫劳动力外出务工规模保持在 3000 万人以上。我国就业结构不断优化，城乡就业格局已经发生历史性转变，城镇就业人员占比超过六成，第三产业从业人员占比上升到 48%，灵活就业和新就业形态规范发展，成为新的就业增长点。

对当前就业形势的总体判断是：随着今年以来我国经济运行回稳向上、整体好转，就业形势正在持续回暖，可望保持总体稳定。

但我们也必须客观地看到，2023 届高校毕业生将达到 1158 万人，今年的就业总量压力还是比较大，尤其是我国就业总量压力和结构性矛盾比较突出，存在普工难招、技术工人十分短缺的现象。从国家统计局公布的今年 4 月数据看，全国城镇调查失业率为 5.2%，比上月下降 0.1 个百分点。本地户籍劳动力调查失业率为 5.1%；外来户籍劳动力调查失业率为 5.4%，其中外来农业

户籍劳动力调查失业率为5.1%，16—24岁劳动力调查失业率达到20.4%，31个大城市城镇调查失业率为5.5%。就此可以看出，当前年轻人的就业形势还是比较严峻的。

在人才竞争和就业压力愈演愈烈的大环境下，年轻大学生要及时关注经济社会发展新趋势新动向，既要实事求是分析就业形势的复杂性，又要看到2023年我国经济总体回升带来的希望和机遇。

要全面了解各级党和政府落实就业优先政策的扶持举措。针对2023年高校毕业生等青年群体就业矛盾，国家人力资源和社会保障部表示，坚持把促进青年特别是高校毕业生就业摆在更加突出的位置，强化精准施策，将拓宽市场化渠道和稳定公共岗位规模结合，全力做好稳就业工作。重点体现在四个方面：

第一，加力渠道拓展。进一步完善毕业生就业创业的支持政策，实施政策服务落实专项行动，加快政策兑现，稳定扩大国有企业招聘，稳定事业单位、基层项目招聘招募，引导毕业生到中小微企业、城乡基层就业，支持毕业生自主创业、灵活就业。同时，指导各地调整优化招录考试和职称职业资格考试时间安排，给毕业生求职留出更多时间窗口。

第二，加力岗位推送。继续推进公共就业服务进校园活动，将岗位信息、指导培训、创业扶持等服务送到毕业生身边。发动行业协会、社会机构、知名企业广泛参与，线上线下相结合，大规模推送岗位，推出更多有特色的行业专场招聘，为毕业生提供充足岗位信息。

第三，加力见习培训。继续实施百万见习岗位募集计划，募集一批高质量见习岗位，推出一批国家级见习示范单位，提升毕业生实践能力。针对毕业生职业发展需要，积极组织参加技能培训，提升培训质量，拓展新职业培训，支持毕业生实现技能就业。

第四，加力困难帮扶。对离校没有就业的毕业生，提早做好信息衔接，做实帮扶台账，畅通各类登记求助渠道，及时跟进提供实名制服务，对脱贫家庭、低保家庭、零就业家庭、残疾等困难毕业生实施重点帮扶，优先提供服务，优先推荐岗位。对失业青年及时纳入就业失业管理服务，对长期失业的加强实践引导和分类帮扶，帮助他们更好融入就业市场。

二、高校毕业生要树立正确的就业观

高校毕业生要及时调适就业期望值，主动适应社会需求，积极求职，积极就业。

第一，树立就业市场化观念。大学生毕业期间在服从学校安排的前提下，应该积极地通过各种途径了解经济对人才的需求情况，多种渠道及时收集人才需求信息，主动进入市场。

第二，自觉调整就业期望。大学生就业压力加大是我国高等教育从精英教育转向大众教育形势下必然产生的现象，但从国家发展整体需要看，我们目前的大学毕业生数量还不多。高校毕业生要顺应国家发展大势，自觉调整就业期望，实事求是评价自己，处理好眼前利益和长远利益的关系、待遇和事业的关系，主动到基层工作、到国家最需要的地方干事创业，从埋头苦干开始，树立起吃苦耐劳的新形象，在实践中不断提高和发展自己。

第三，树立竞争开拓观念。要敢于面向市场、应对竞争，在社会的各个领域和社会生活的进程中，都要具备不等不靠，练好内功，有所作为，有所创新的精神，切实增强干事创业信心，拒绝“躺平”、“佛系”、“啃老”、眼高手低等不良心态，敢于进入新领域、开拓新事业。

第四，树立先就业、后择业、再创业的观念。大学毕业生要破除“一选定终身”的传统就业观念，在落实和选择工作单位和岗位时，不求一步到位，随着事业发展和个人成长，相信“是金子总会发光”。

总之，全面建设社会主义现代化国家，是一项伟大而艰辛的事业，前途光明，任重道远。今天，我们比历史上任何时期都更接近、更有信心和能力实现中华民族伟大复兴。伟大的时代给当代中国青年实现美好梦想、展示青春才华提供了无比广阔的舞台，只要广大青年在前进道路上坚定不移听党话、跟党走，坚定不移走中国特色社会主义道路，怀抱梦想又脚踏实地，敢想敢为又善作善成，立志做有理想、敢担当、能吃苦、肯奋斗的新时代好青年，青春一定能在全面建设社会主义现代化的火热实践中绽放绚丽之花。

参考文献

1. 习近平:《高举中国特色社会主义伟大旗帜为全面建设社会主义现代化国家而团结奋斗：在中国共产党第二十次全国代表大会上的报告》，人民出版社 2022 年版。

2. 习近平:《在第十四届全国人民代表大会第一次会议上的讲话》,《人民日报》，2023 年 3 月 14 日。

3. 李克强:《2023 年〈政府工作报告〉》,《人民日报》，2023 年 3 月 15 日。

4.《李强总理出席记者会并回答中外记者提问》,《人民日报》，2023 年 3 月 14 日。

思考题

1. 怎样全面、客观、辩证看待我国经济发展的机遇和挑战？

2. 面对复杂的就业形势，当代大学生应该树立怎样的就业观念？

专题四

深入把握三大战略，全面推进创新型国家建设

知识要点

科教兴国战略、人才强国战略、创新驱动发展战略，是党中央在第二十次全国代表大会上提出的需要我们长期坚持的国家重大战略，也是现代化国家建设的基础性、战略性支撑。习近平总书记在党的二十大报告中明确指出，“教育、科技、人才是全面建设社会主义现代化国家的基础性、战略性支撑。必须坚持科技是第一生产力、人才是第一资源、创新是第一动力，深入实施科教兴国战略、人才强国战略、创新驱动发展战略，开辟发展新领域新赛道，不断塑造发展新动能新优势。”这是党中央立足新时代新征程党的历史使命，从突出创新在我国现代化建设全局中的核心地位出发，将科技、教育、人才放在党的二十大报告中统筹进行的战略部署。科教兴国、人才强国、创新驱动发展三大战略，是实现国家富强、民族复兴的重大举措，是统筹推进“五位一体”总体布局、协调推进“四个全面”战略布局的重要保证。深入实施三大战略，是全面贯彻习近平新时代中国特色社会主义思想，夺取新时代中国特色社会主义伟大胜利的必然要求。科教兴国、人才强国、创新驱动发展三大战略，教育是基础，科技是关键，人才是根本，三者互相支撑又互相促进，围绕现代化建设全局、现代化强国建设这个目标来展开，为全面建设社会主义现代化国家筑牢基础性、战略性支撑。三大战略为新时代大学生健康成长成才，提供了广阔舞台。大学生在推进国家重大战略实施的新征程上，必将绽放青春风采。

充分认识三大战略是现代化国家建设的基础性战略性支撑

一、三大战略的提出及地位

科教兴国战略、人才强国战略、创新驱动发展战略，是党中央在第二十次全国代表大会上提出的需要我们长期坚持的国家重大战略，也是现代化国家建设的基础性战略性支撑。党的二十大报告明确指出，“教育、科技、人才是全面建设社会主义现代化国家的基础性、战略性支撑。必须坚持科技是第一生产力、人才是第一资源、创新是第一动力，深入实施科教兴国战略、人才强国战略、创新驱动发展战略，开辟发展新领域新赛道，不断塑造发展新动能新优势。”这是党中央立足新时代新征程党的历史使命，从突出创新在我国现代化建设全局中的核心地位出发，将科技、教育、人才放在党的二十大报告中统筹进行的战略部署。

2012年年底召开的党的十八大明确提出：“科技创新是提高社会生产力和综合国力的战略支撑，必须摆在国家发展全局的核心位置。”强调要坚持走中国特色自主创新道路、实施创新驱动发展战略。这是我们党放眼世界、立足全局、面向未来作出的重大决策，是推进经济结构调整的战略性布局。为了贯彻落实创新驱动发展战略，党中央提出了明确的阶段性目标，并不断加大对科技创新的支持力度，破除阻碍创新的体制机制障碍，健全社会主义市场经济条件下的新型举国体制，在市场化资源分配机制的基础之上充分发挥国家的引领前瞻作用，以切实推进科技强国建设。创新驱动发展战略的实施对中国经济的结构调整以及未来发展产生了极其深远的影响。2015 年起国务院采取多项举措推进大众创业万众创新，不断优化创新创业的生态环境，充分激发和释放全社会的创新潜能与创业活力。同时，政府积极推进“互联网 +”行动和数字化建设，以推动新一代信息技术、互联网创新成果与经济社会各个领域的深度融合，形成更广泛的以互联网为基础设施和创新要素的经济社会发展新形态，为中国经济注入新的活力。

党的十八大以来，为了解决经济发展中的深层矛盾与问题，推动经济发展的质量变革、效率变革与动力变革，以习近平同志为核心的党中央把科技创新摆在国家发展全局的核心位置，启动并加快实施创新驱动发展战略，从自主创新到自立自强、从跟跑参与到领跑开拓、从重点领域突破到系统能力提升，激发全社会的创新潜能，推动我国科技事业取得历史性成就、发生历史性变革。党的二十大坚持创新在我国现代化建设全局中的核心地位，把教育、科技、人才作为全面建设社会主义现代化国家的基础性、战略性支撑，并首次进行专章部署，这是以习近平同志为核心的党中央洞察大势、立足当前、着眼长远作出的重大战略抉择。

二、实施三大战略的基本情况

（一）实施科教兴国战略

中国综合实力要强，中国人民生活要好，必须有强大科技。中国载人航天工程办公室发布消息称，2023 年中国航天工程计划实施近 70 次发射任务，开启高质量、高效率、高效益的发展新征程。科教兴国的根本在人才，人才培养归根结底要靠教育。新时代 10 年来，我国建成世界上规模最大的教育体系，教育普及水平实现历史性跨越。其中，义务教育和学前教育的普及程度达到高收入国家平均水平，高等教育进入国际社会公认的普及化阶段，每年新增劳动力的平均受教育年限达 14 年，为如期全面建成小康社会、实现第一个百年奋斗目标提供了重要支撑。

1. 办好人民满意的教育

教育是国之大计、党之大计。一是培养什么人、怎样培养人、为谁培养人是教育的根本问题。育人的根本在于立德。全面贯彻党的教育方针，落实立德树人根本任务，培养德智体美劳全面发展的社会主义建设者和接班人。坚持以人民为中心发展教育，加快建设高质量教育体系，发展素质教育，促进教育公平。二是加快义务教育优质均衡发展和城乡一体化，优化区域教育资源配置，强化学前教育、特殊教育普惠发展，坚持高中阶段学校多样化发展，完善覆盖全学段学生资助体系。统筹职业教育、高等教育、继续教育协同创新，推进职普融通、产教融合、科教融汇，优化职业教育类型定位。三是加强基础学科、新兴学科、交叉学科建设，加快建设中国特色、世界一流的大学和优势学科。引导规范民办教育发展。加大国家通用语言文字推广力度。四是深化教育领域综合改革，加强教材建设和管理，完善学校管理和教育评价体系，健全学校家庭社会育人机制。加强师德师风建设，培养高素质教师队伍，弘扬尊师重教社会风尚。推进教育数字化，建设全民终身学习的学习型社会、学习型大国。

2. 完善科技创新体系

坚持创新在我国现代化建设全局中的核心地位。一是完善党中央对科技工作统一领导的体制，健全新型举国体制，强化国家战略科技力量，优化配置创新资源，优化国家科研机构、高水平研究型大学、科技领军企业定位和布局，形成国家实验室体系，统筹推进国际科技创新中心、区域科技创新中心建设，加强科技基础能力建设，强化科技战略咨询，提升国家创新体系整体效能。二是深化科技体制改革，深化科技评价改革，加大多元化科技投入，加强知识产权法治保障，形成支持全面创新的基础制度。三是培育创新文化，弘扬科学家精神，涵养优良学风，营造创新氛围。四是扩大国际科技交流合作，加强国际化科研环境建设，形成具有全球竞争力的开放创新生态。

（二）实施人才强国战略

功以才成，业由才广。培养造就大批德才兼备的高素质人才，是国家和民族长远发展大计。在 2023 年全国“两会”上，习近平总书记在参加江苏代表团审议时指出，“为创新人才脱颖而出、尽展才华创造良好环境”。尊重人才方能广聚人才，崇尚人才自会人才辈出。党的十八大以来，以习近平同志为核心的党中央深刻回答为什么建设人才强国、什么是人才强国、怎样建设人才强国的重大理论和实践问题，作出全方位培养、引进、使用人才的重大部署，推动新时代人才工作取得历史性成就、发生历史性变革。

实施人才强国战略，一是坚持党管人才原则，坚持尊重劳动、尊重知识、尊重人才、尊重创造，实施更加积极、更加开放、更加有效的人才政策，引导广大人才爱党报国、敬业奉献、服务人民。二是完善人才战略布局，坚持各方面人才一起抓，建设规模宏大、结构合理、素质优良的人才队伍。三是加快建设世界重要人才中心和创新高地，促进人才区域合理布局和协调发展，着力形成人才国际竞争的比较优势。四是加快建设国家战略人才力量，努力培养造就更多大师、战略科学家、一流科技领军人才和创新团队、青年科技人才、卓越工程师、大国工匠、高技能人才。五是加强人才国际交流，用好用活各类人才。六是深化人才发展体制机制改革，真心爱才、悉心育才、倾心引才、精心用才，求贤若渴，不拘一格，把各方面优秀人才集聚到党和人民事业中来。

（三）实施创新驱动发展战略

创新驱动发展战略，表明中国未来的发展要靠科技创新驱动，创新的目的是驱动发展。实施创新驱动发展战略一是坚持面向世界科技前沿、面向经济主战场、面向国家重大需求、面向人民生命健康，加快实现高水平科技自立自强。以国家战略需求为导向，集聚力量进行原创性引领性科技攻关，坚决打赢关键核心技术攻坚战。加快实施一批具有战略性全局性前瞻性的国家重大科技项目，增强自主创新能力。二是加强基础研究，突出原创，鼓励自由探索。提升科技投入效能，深化财政科技经费分配使用机制改革，激发创新活力。加强企业主导的产学研深度融合，强化目标导向，提高科技成果转化和产业化水平。强化企业科技创新主体地位，发挥科技型骨干企业引领支撑作用，营造有利于科技型中小微企业成长的良好环境，推动创新链、产业链、资金链、人才链深度融合。

三、充分认识实施三大战略的时代意义

（一）实施科教兴国战略的意义

科教兴国战略是指在科学技术是第一生产力思想的指导下，坚持教育为本，把科技和教育摆在经济、社会发展的重要位置，增强国家的科技实力和科学技术向现实生产力转化的能力，提高科技对经济的贡献率，提高全民族的科技文化素质，把经济建设转移到依靠科技进步和提高劳动者素质的轨道上来，加速实现国家的繁荣昌盛。

科教兴国战略是党中央在 1995 年首次提出来的，到现在已近 30 年。要如期基本实现社会主义现代化和建成社会主义现代化强国，总的战略安排是分两步走，2035 年基本实现社会主义现代化，到 21 世纪中叶把我国建成富强民主

文明和谐美丽的社会主义现代化强国。这样的目标意味着我们对科技的需求，对教育的需求，对人才的需求，从来没有像今天这样紧迫。我们只有把教育、科技发展好，把人才培养好，才能够将来在任何情况下都立于不败之地。党的二十大报告重申科教兴国战略，这是我们党在当下审时度势，根据国际国内形势，特别是根据党的中心任务和我们的发展主题而作出的重大决定，其现实意义和深远的历史意义都很重大。

科学技术是第一生产力，科技发展是经济发展的决定性因素，社会主义的根本任务是解放和发展生产力。实施科教兴国战略，有助于实现两个根本性转变，调整、优化产业结构，培育新的经济增长点，提高企业经济效益，开拓新的市场空间，极大地促进生产力的发展。我国政府实施科教兴国战略，是行使组织和领导社会主义经济建设、精神文明建设等职能的表现。国家实施这些职能，有利于促进经济的发展和社会的全面进步，提高人民的物质文化生活水平，实现社会主义的目的、目标；有利于巩固和发展社会主义制度，实现国家和社会的稳定；有利于增强我国的综合国力，提高我国的国际地位。

（二）实施人才强国战略的意义

国家兴盛，人才为本。人才是国家的宝贵资源，只有通过发挥人才的智慧和创新力，才能实现国家的繁荣和发展。加快建设人才强国是党和国家的一项重大战略决策。2003 年，全国人才工作会议明确提出实施人才强国战略。2007 年，党的十七大将人才强国战略与科教兴国战略、可持续发展战略确立为经济社会发展的三大国家战略，并写进了党章。

党的十八大以来，党中央把加快建设人才强国摆到更加突出的位置。习近平总书记多次作出重要指示，提出一系列新思想、新观点、新论断，为加快建设人才强国进一步指明了方向、提供了遵循。党的十九大报告指出，人才是实现民族振兴、赢得国际竞争主动的战略资源，强调要加快建设人才强国。党的二十大报告指出，要深入实施人才强国战略。

实施人才强国战略是全面贯彻习近平新时代中国特色社会主义思想，夺取新时代中国特色社会主义伟大胜利的必然要求。人才强国战略的实施，极大地调动了各类人才的积极性和创造性，激发了我国经济社会各项事业发展的活力。实践充分证明，实施人才强国战略是实现国家富强、民族复兴的重大举措，是统筹推进“五位一体”总体布局、协调推进“四个全面”战略布局的重要保证。

（三）实施创新驱动发展战略的意义

我国高度重视科技创新，实施创新驱动发展战略，将科技创新摆在国家发展全局的核心位置，正在从科技大国向科技强国迈进，必须充分认识实施创新驱动发展战略的重大意义。

1. 实施创新驱动发展战略，对我国形成国际竞争新优势、增强发展的长期动力具有战略意义。

进入发展新阶段，我国在国际上的低成本优势逐渐消失。与低成本优势相比，技术创新具有不易模仿、附加值高等突出特点，由此建立的创新优势持续时间长、竞争力强。党的十八大以来，在以习近平同志为核心的党中央坚强领导下，我国科技事业发生了历史性、整体性、格局性重大变化，走出了一条从人才强、科技强到产业强、经济强、国家强的发展道路。10 年间，我国持续深入实施创新驱动发展战略，全社会研发经费保持高速增长。世界知识产权组织发布的 2022 年全球创新指数显示，中国全球创新综合能力排名稳步提升，从 2012 年的第 34 位上升到 2022 年的第 11 位。实施创新驱动发展战略，加快实现由低成本优势向创新优势的转换，可以为我国持续发展提供强大动力。

2. 实施创新驱动发展战略，对我国高质量发展具有现实意义。

我国坚持“四个面向”，形成了支撑发展和保障安全的科技创新发展新的战略格局。面向世界科技前沿，在量子信息、干细胞、脑科学等方面取得了一批具有国际影响力的原创成果。面向经济主战场，超级计算、人工智能、大数据等新兴技术加快应用，推动数字经济等新产业新业态蓬勃发展。面向国家重大需求，加快关键核心技术攻关，支撑港珠澳大桥、川藏铁路等一批重大工程建设顺利实施。面向人民生命健康，创新药物、先进诊疗技术等让人民群众享受到更多高质量的创新成果。科技创新具有乘数效应，不仅可以直接转化为现实生产力，而且可以通过科技的渗透作用放大各生产要素的生产力，提高社会整体生产力水平。数据显示，我国人才资源总量达 2.2 亿人，研发人员总量居世界首位，拥有一支规模宏大、素质优良、结构不断优化、作用日益突出的人才队伍，成为全球规模最宏大、门类最齐全的人才资源大国。实施创新驱动发展战略，可以全面提升我国经济增长的质量和效益，有力推动经济发展方式转变。

3. 实施创新驱动发展战略，对降低资源能源消耗、改善生态环境、建设美丽中国具有长远意义。

推动绿色低碳发展是潮流所向、大势所趋，我国 14 亿多人口整体迈进现代化社会，高耗能、高污染、高排放的发展模式是行不通的，必须加快发展方式绿色转型，构建科技含量高、资源消耗低、环境污染少的产业结构，大幅提高经济绿色化程度，有效降低发展的资源环境代价。实施创新驱动发展战略，加快产业技术创新，用高新技术和先进适用技术改造提升传统产业，既可以降低消耗、减少污染，改变过度消耗资源、污染环境的发展模式，又可以提升产业竞争力。

实施三大战略为大学生成长成才提供了广阔舞台

一、三大战略共同服务于创新型国家的建设

党的二十大提出的科教兴国、人才强国、创新驱动发展三大战略，既坚持了教育、科技、人才是全面建设社会主义现代化国家的基础性、战略性支撑，又强调了三者之间的有机联系，通过协同配合、系统集成，共同塑造发展的新动能新优势。这三大战略共同服务于创新型国家的建设：

1. 坚持教育优先发展。全面贯彻党的教育方针，落实立德树人的根本任务，培养德智体美劳全面发展的社会主义建设者和接班人。坚持以人民为中心发展教育，加快建设高质量教育体系，促进教育公平，促进人的全面发展，提高国民整体素质。

2. 坚持创新驱动。健全新型举国体制，加强基础研究，推进关键核心技术攻关和自主创新，完善科技创新体系，加快实现高水平科技自立自强。

3. 坚持人才是第一资源。完善人才战略布局，加快建设国家战略人才力量，深化人才发展体制机制改革，培养造就大批德才兼备的高素质人才，聚天下英才而用之。

经过一段时间的发展，我国教育、科技、人才在全面建成小康社会伟大事业中都发挥了重要作用。党的二十大对这三项工作再作部署，就是要求这三者继续发挥作用，并且三位一体、融会贯通，形成合力，发挥更大的作用。教育

是基础，科技是关键，人才是根本，三者互相支撑又互相促进，围绕现代化建设全局、现代化强国建设这个目标来展开，为全面建设社会主义现代化国家筑牢基础性、战略性支撑。习近平总书记在中共中央政治局第二次集体学习时要求，“实现科教兴国战略、人才强国战略、创新驱动发展战略有效联动”。我们必须准确把握坚持教育优先发展、科技自立自强、人才引领驱动的相互关系，坚持教育发展、科技创新、人才培养一体推进，形成良性循环；坚持原始创新、集成创新、开放创新一体设计，实现有效贯通；坚持创新链、产业链、人才链一体部署，推动深度融合。

二、三大战略为大学生成长成才提供了广阔舞台

1. 科教兴国战略为大学生成长成才提供了广阔舞台。

科教兴国战略对大学生成长成才有着指导性的作用，让大学生明白成长成才的方向是什么，该向哪方面努力、为何而努力，以及怎样去努力。大学生现在学习科学文化知识，提高科技文化素养，将来致力于科学研究，这些不只是为了个人自己，更重要的是为了祖国的昌盛与繁荣。

深入实施科教兴国战略，就要提高全民族的科技文化素质。为此，大学生要从现在开始，从我做起，培养科技文化素质。一是了解必要的科学知识。通过阅读科技书籍、浏览科技相关网页、听学校举办的科普讲座等丰富大学生个人的科学知识。二是具备解放思想、追求真理、实事求是、与时俱进、开拓创新的科学精神，以及用科学态度和科学方法判断各种事物的能力。三是树立正确的人生观、世界观和价值观，做正确的事，做善良的人。只有这样，才能把所学知识用在正确的地方，更好地促进自身的发展，促进民族的发展。

当前，以信息科学、信息技术为主要标志的世界科技革命正在形成新的高

潮。世界各国都在抢占科技和产业的制高点。电子科技产品，比如电脑、数码产品、手机等其中的核心部件，即科技含量比较高的部分大多出自发达国家，我国因科技水平受限，目前主要是加工和消费这些电子科技产品。加工环节尽管能提高就业率，但其中的利润很低，尽管我国是这些产品的消费大国，市场庞大，但行业整体利润率偏低。倘若我们能自主研发电子科技产品的核心部件，并且达到世界先进水平，那么我国经济发展的速度将大大提升。面对21世纪的挑战，发展科技将是重中之重，而研发人员的科技文化素质，对能不能出成果、科技能不能发展，又起着决定性作用。所以，大学生要努力提高科技文化素质，勇于创新，积极投身高科技研发行业，为科技发展贡献一份力量。

2. 人才强国战略为大学生成长成才提供了广阔舞台。

人才强国战略，是指人才可以增强国力、振兴国家的战略。目前，我国的人才还是相对欠缺的，尤其是科研方面的人才。那些高新技术的研发者有不少是外国人，知识产权掌握在他们手里，我们只能花大价钱买，有时还买不到，如此不利于我国的经济发展，尤其“十四五”时期是全面建设社会主义现代化国家开局起步的关键时期，我国需要大量人才来突破科技瓶颈。深入实施人才强国战略，要努力造就一支规模宏大、素质优良、结构合理、活力旺盛，既能满足全面建设社会主义现代化国家的发展需要，又能参与国际竞争的人才大军，为实现新世纪我国经济社会发展的宏伟目标提供坚强有力的人才保证。

我国人才队伍建设存在以下结构性问题：一是热门专业人才较多，高新技术和复合型人才普遍短缺，从事科技开发的科学家和工程师的比例还有很大的提升空间。二是我国人才地区分布不合理，高级人才绝大部分集中在东中部地区，其中绝大多数集中在大中型城市。这导致农村、基层和边远地区人才十分匮乏。新时代青年大学生应该树立更远大的志向，把艰苦环境作为磨炼自己的机遇，明白通过艰苦奋斗才能创造出宝贵的人生财富，只有汗水才能浇灌出绚烂的理想之花。近些年，不少大学生奔赴农村和基层岗位锻炼自我，并带领当地村民致富和提高他们的文化素养。这些大学生也由此收获了村民们的爱戴和赞扬，在艰苦奋斗中实现了自己的人生价值。

深入推进人才强国战略，鼓励出国留学人员回国工作、为国服务，进一步做好吸引、聘用境外高级专门人才工作。国外尤其是那些发达国家，拥有发达的经济和前沿的科研水平，生活和就业环境相对更好，所以很多大学生选择出国留学。但是在国家需要的时候，大学生更应该心系祖国，在学有所成后回国效力，为祖国的发展贡献自己的一份力。

俗话说，行行出状元。不一定智商高、通古博今的才是人才。大学生通过对一个或多个专业的深入学习，或是成为一名兢兢业业的建筑师，或是成为一名经验丰富的医生，或是成为一名关爱学生的老师，或是成为一名细心认真的车间技术人员等，都是建设中国式现代化所需之才。大学生要学会尊重生产劳动第一线的技能型人才，尊重一切有一技之长人才的劳动、知识、创造，形成科学的人才观。现在在校的大学生，将来陆陆续续地都会步入各行各业，会逐渐清楚什么适合自己、应为什么而奋斗。不管哪个行业，大学生毕业就业后，都应热爱自己的职业，积极、乐观地完成自身的任务，同时继续努力不断学习，志存高远。中华民族伟大复兴和国家强盛，必将在所有人的共同努力下最终实现。

3. 科技创新发展战略为大学生成长成才提供了广阔舞台。

高校作为国家战略科技力量，不仅仅是向国家和社会输出科技成果，更重要的是为国家和社会输出人才，尤其是创新型人才。自主培养的人才越多，意味着国家民族的未来越光明、越强盛、越安全。高校保持和增强政治性、先进性、群众性，着力提升组织力、引领力和服务力，为青年学生提供了成长成才的广阔舞台。

高校作为国家科技创新发展战略实施的重要力量，每年不仅向国家和社会输出科技成果，而且向国家和社会输出人才，尤其是创新型人才。一是党的十八大以来的10年，高等教育的发展成就，证明了我国有自主培养创新型人才的信心和底气。经过长期努力，目前我国已建成世界上规模最大的高等教育体系，各级教育普及程度均达到或超过中高收入国家平均水平，为社会主义现代化建设事业和中华民族伟大复兴提供了有力的人才和智力支撑。二是百年未有之大变局迫切要求我们坚定创新型人才自主培养的决心和骨气。过去40多年，中国经济社会高速发展奇迹的主要创造者是我们国家自己培养的人才，在建设社会主义现代化国家的新征程上，面对世界百年未有之大变局，新奇迹的创造更要依赖人才自主培养。自主培养不是封闭式培养，而是面向世界，中外融通，开放式培养。三是高校责无旁贷地是创新型人才自主培养的主体力量。高等教育发展对世界科技发展、文明更迭、创新升级有着决定性意义，是创新型人才自主培养的主体力量。办好中国特色世界一流大学，要为党和国家事业培养全面发展的人才，培养更多复合型、创新型、能够引领未来的人。

学习力、思想力、行动力，是创新型人才的核心能力。大学生应不断转变思维方式，践行创新驱动机制，提高自己的创新思维水平。2023年5月—10月举办的第九届中国国际“互联网+”大学生创新创业大赛，是把创新教育贯穿于大学生教育活动全过程，以创造之教育培养创造之人才，为全面建设社会主义现代化国家提供基础性、战略性支撑。这个大赛，以赛促教，探索人才培养新途径。全面推进高校课程思政建设，深入推进新工科、新医科、新农科、新文科建设，形成新的人才培养质量观和质量标准，提高大学生的创新精神、创业意识和创新创业能力。这个大赛，以赛促学，培养创新创业生力军，激发学生在创新创业中增长智慧才干，把激昂的青春梦融入伟大的中国梦，努力成长为德才兼备的有为人才。这个大赛，以赛促创，搭建产教融合新平台，把教育融入经济社会发展，促进教育链、人才链与产业链、创新链有机衔接，推动形成高校毕业生更高质量创业就业的新局面。

在推进国家重大战略实施中绽放青春风采

一、明确实施三大战略的根本遵循

党的二十大报告首次把教育、科技、人才进行“三位一体”统筹安排、一体化部署，强调“坚持教育优先发展、科技自立自强、人才引领驱动，加快建设教育强国、科技强国、人才强国”，深刻体现了对未来世界发展大势的洞察与把握，深刻回答了事关社会主义现代化建设的关键问题，为新时代大学生的进步成长提供了根本遵循。

1. 育才造士，为国之本。教育是国之大计、党之大计。党的十八大以来，我国教育事业快速发展，教育普及水平实现历史性跨越，建成了世界上规模最大的教育体系。我国迈上实现第二个百年奋斗目标新征程，以中国式现代化全面推进中华民族伟大复兴，对科学知识和优秀人才的需要，比以往任何时候都更为迫切，必须加快建设教育强国，办好人民满意的教育。我们要全面贯彻党的教育方针，落实立德树人根本任务，加快建设高质量教育体系，培养德智体美劳全面发展的社会主义建设者和接班人。

2. 科技为本，创新为源。科技是国家强盛之基，创新是民族进步之魂。全面建设社会主义现代化国家，离不开科技创新的强大支撑，必须完善科技创新体系，加快实施创新驱动发展战略，大力提升自主创新能力，尽快突破关键核心技术，把创新主动权、发展主动权牢牢掌握在自己手中。我们要坚持创新在我国现代化建设全局中的核心地位，强化国家战略科技力量，提升国家创新体系整体效能，形成具有全球竞争力的开放创新生态。要面向世界科技前沿、面向经济主战场、面向国家重大需求、面向人民生命健康，加快实现高水平科技自立自强，以国家战略需求为导向，集聚力量进行原创性引领性科技攻关，坚决打赢关键核心技术攻坚战，加快实施一批具有战略性、全局性、前瞻性的国家重大科技项目，增强自主创新能力。

3. 功以才成，业由才广。人是教育的出发点，是科技创新的主体、人才战略的根基。培养造就大批德才兼备的高素质人才，是国家和民族长远发展大计，坚持尊重劳动、尊重知识、尊重人才、尊重创造，建设规模宏大、结构合理、素质优良的人才队伍。党的二十大报告中提到，坚持创新在我国现代化建设全局中占有核心地位。要实现科技自立自强，需进行原始性、引领性的科技攻关。一方面学好专业课，另一方面逐渐尝试与实践借助学科交叉的催化剂作用，产出高水平成果，提升服务国家战略需求的能力。

二、责无旁贷肩负起实施三大战略的光荣使命

教育是立国之本、强国之基，更是功在当代、利在千秋的德政工程。党的二十大报告关于“实施科教兴国战略，强化现代化建设人才支撑”的重要论述，为我国高校扎根中国大地办大学、加快中国高等教育高质量发展步伐提供了行动指南，激发了大学生为建设教育强国而不懈奋斗的坚定信心和强大干劲，以及责无旁贷地肩负起建设人才强国的光荣使命。

（一）牢固树立责任使命

正确认识科教兴国、人才强国、创新驱动发展三大战略。科教兴国，是指全面落实科学技术是第一生产力的思想，坚持教育为本，把科技和教育摆在

经济、社会发展的重要位置，增强国家的科技实力及向现实生产力转化的能力，提高全民族的科技文化素质，把经济建设转移到依靠科技进步和提高劳动者素质的轨道上来，加速实现国家的繁荣强盛。人才强国，是指我国要实现高水平科技自立自强，归根结底要靠高水平创新人才。深耕细培把人才“育出来”，广开源头把人才“引进来”，不拘一格把人才“用起来”，千方百计把人才“留下来”。创新驱动发展，是指坚持创新在我国现代化建设全局中的核心地位，把科技自立自强作为国家发展的战略支撑，面向世界科技前沿、面向经济主战场、面向国家重大需求、面向人民生命健康，深入实施科教兴国战略、人才强国战略、创新驱动发展战略，完善国家创新体系，加快建设科技强国。

（二）努力学习科学文化知识及掌握过硬技术本领

人才在全面建设社会主义现代化国家过程中起着决定性作用，科教兴国战略事关中国式现代化建设的动力源泉和长远潜力。掌握科学文化知识及过硬技术本领的，才能称为人才。大学生努力学习科学文化知识，熟练掌握过硬技术本领，为现代化建设提供智力支持。因此，大学生应该做到以下几点：一是不断提高学习科学理论的自觉性。认真学习科学理论是每位大学生的责任与义务。理论上的成熟是成长成才上成熟的基础。二是坚持理论联系实际，学以致用。理论联系实际，是大学生学习成长的一个基本原则。在学校里，大学生学习科学理论，必须坚持理论联系实际，坚持学以致用。最重要的是运用马克思主义的立场、观点和方法来改造主观世界，端正自己的世界观、人生观、价值观，提高为社会、为人民服务的自觉性。三是练就适应将来就业需求的过硬本领。当今世界科学技术突飞猛进、大学生要把学习科学文化知识，掌握做好工作的知识和本领，提高到保持个人成长成才的高度来认识，从而增强学习科学文化知识的自觉性和紧迫感，为将来成为就业岗位上的业务骨干奠定坚实的基础。

（三）增强创新意识和创新能力

科技的进步源于人民的创新。党的二十大报告特别强调了创新驱动发展战略的重要性。作为祖国建设事业接班人的当代大学生，要在学习中创新，在创新中学习，不断增强自主创新能力，努力把自己培养成学术视野宽广、综合能力强、富有创新创业精神的优秀拔尖创新人才，积极服务国家重大需求。为此，大学生要做到两点：一是树立创新意识，不断改进思维方法。创新就是不断创造和发明新理论、新观点、新技术、新方法等。大学生要按照学科专业的要求，以及新形势的变化，制定与之相符合的新标准，解放思想，树立创新意识。在完成学业中，要勇于跳出条条框框的限制，在探索中不断突破，把创新精神贯穿学习思考始终，在理论学习中探索新知。二是时刻严格要求自己，不断开拓视野。大学生要树立开拓进取、开放创新的精神，脚踏实地、埋头苦干、勇于变革、勇于创新。增强创新意识，在完成学业的过程中，时刻保持奋发有为的精神状态，紧跟时代发展步伐不放松，不断学习新知识、与时俱进，为新时代社会主义建设添砖加瓦。

参考文献

1. 习近平：《高举中国特色社会主义旗帜为全面建设社会主义现代化国家而团结奋斗：在中国共产党第二十次全国代表大会上的报告》，人民出版社 2022 年版。

2. 李圣：《为全面建设社会主义现代化国家提供强大支撑》，中工网，2023 年 3 月 21 日。

3. 陈劲：《以新型举国体制优势强化国家战略科技力量》，人民论坛网，2022 年 12 月 26 日。

4. 刘凤英:《科教兴国战略和人才强国战略对当代大学生成长的意义》,360文库,2018年5月26日。

思考题

1. 什么是三大战略?

2. 三大战略之间是什么关系?

3. 大学生如何责无旁贷地肩负起实施三大战略的光荣使命?

专题五

统筹发展和安全，积极推进国家安全体系和能力现代化

知识要点

国泰民安是人民群众最基本、最普遍的愿望，国家安全是民族复兴的根基，社会稳定是国家强盛的前提，保证国家安全是头等大事。党的二十大报告提出，“推进国家安全体系和能力现代化，坚决维护国家安全和社会稳定”。要贯彻落实好党的二十大精神，就必须深刻认识统筹发展和安全，推进国家安全体系和能力现代化，构建新安全格局的时代背景和重要意义；就必须深刻认识统筹发展和安全、推进国家安全体系和能力现代化的重大意义，准确把握统筹发展和安全、推进国家安全体系和能力现代化的总体要求和步骤重点。

要统筹发展和安全，推进国家安全体系和能力现代化，构建新安全格局，当代大学生应为维护国家安全和社会安全作出贡献，清醒认识我国安全面临的风险和挑战，必须以总体国家安全观为指导，必须着眼保障新发展格局，必须统筹好各领域安全关系，必须以推进国家安全体系和能力现代化为抓手。

充分认识统筹发展和安全，积极推进国家安全体系和能力现代化的重大意义

党的十八大以来，我国国家安全面临诸多挑战，外部压力前所未有，传统安全威胁和非传统安全威胁相互交织，“黑天鹅”“灰犀牛”事件不时发生。面对这些挑战，党和政府坚决贯彻总体国家安全观，以坚定的意志品质维护国家主权、安全、发展利益，国家安全得到全面加强。我们经受住了来自政治、经济、意识形态、自然界等方面风险的挑战和考验，成功应对了一系列重大自然灾害、突如其来的新冠肺炎疫情、香港局势动荡变化、“台独”势力分裂活动和外部势力干涉台湾事务的严重挑衅。面对国际局势急剧变化，特别是面对外部讹诈、遏制、封锁、极限施压，我们保持战略定力，发扬斗争精神，牢牢掌握了我国发展和安全的主动权。然而，同形势任务相比，我国依然存在着维护国家安全能力不足，应对各种重大风险能力不强，维护国家安全的统筹协调机制不健全的问题。

一、统筹发展和安全、推进国家安全体系和能力现代化，是防范化解风险挑战、推进中国式现代化的必然要求

当前，世界百年未有之大变局加速演进，新一轮科技革命和产业变革深入发展，国际力量对比深刻调整，我国发展面临新的战略机遇。同时，世纪疫情影响深远，逆全球化思潮抬头，单边主义、保护主义明显上升，世界经济复苏

乏力，局部冲突和动荡频发，全球性问题加剧，世界进入新的动荡变革期。我国改革发展稳定面临不少深层次矛盾躲不开、绕不过，党的建设特别是党风廉政建设和反腐败斗争面临不少顽固性、多发性问题，来自外部的打压遏制随时可能升级。世界之变、时代之变、历史之变的特征更加明显，我国发展需要应对的风险和挑战、需要解决的矛盾和问题比以往更加错综复杂，我们只有统筹好发展和安全，推进国家安全体系和能力现代化，才能经受住风高浪急甚至惊涛骇浪的重大考验，为实现中国式现代化提供强有力的安全保障。

二、统筹发展和安全、推进国家安全体系和能力现代化，是适应新时代国家安全新变化、新特点的需要

进入新时代，我国安全环境面临新变化，国家安全出现了许多新的特点。国家安全体系和能力只有适应这些新变化、新特点，才会有生命力。

1. 国家安全的内涵比历史上其他任何时候都要丰富，国家安全内涵的外延不断扩大。除了要应对传统安全外，还要高度关注非传统安全，而且非传统安全在国家安全格局中的地位日益突出。新型领域国家安全问题频出，使国家安全的内涵以前所未有的速度不断拓展，构建新安全格局必须适应国家安全内涵新的变化，不断完善新安全格局。

2. 国家安全时空领域比历史上其他任何时候都要宽广，国家安全领域不断增容。当前，国家安全已涵盖政治、军事、国土、经济、文化、社会、科技、网络、生态、资源、海外利益、生物、数据、金融、粮食等 20 多个领域，而且新型领域国家安全问题还不断涌现。同时，国家安全问题的各个领域也在拓宽，如军事安全领域，已经从过去的制陆权、制空权，扩展到制天权、制信息权。因此，着力构建新安全格局，不仅要考虑守卫有形空间，也要考虑守卫无

形空间，并且要实现有形空间与无形空间的衔接互动。

3. 影响国家安全的内外因素比历史上其他任何时候都要复杂，国家安全风险挑战增多，联动加强。国家安全的各个领域既相对独立，又彼此勾连，相互交织，高度联动，引发系统性安全的风险增高。构建新安全格局，必须充分考虑国家安全的联动性，强化新安全格局的联动机能，避免一个领域的安全风险传导衍生到其他领域。

新时代国家安全所具有的总体性、联动性、复杂性的新特点以及各种新变化，要求我们在构建新安全格局时，必须以总体国家安全观为指导，坚持系统观念，强化新安全格局的总体性、系统性，实现各领域安全互联，各安全体系互动，各安全能力互相支撑。

三、统筹发展和安全、推进国家安全体系和能力现代化，是建设更高水平的平安中国、满足人民群众日益增长的安全需要的必然要求

国泰民安是人民群众最基本、最普遍的愿望。在中国特色社会主义新时代，安全在人民对美好生活追求中的分量越来越重，越来越多样化、多层次，从生命财产安全上升到安业、安居、安康、安心等各个方面，内涵外延不断拓展，标准要求不断提高。只有统筹好发展和安全，不断推进国家安全体系和能力现代化，着力解决人民群众最关心、最直接、最现实的安全问题，才能让人民群众的获得感、幸福感、安全感更加充实、更有保障、更可持续，才能更好地满足人民群众对美好生活的向往。

坚持总体国家安全观，以新安全格局保障新发展格局

党的十八大以来，习近平总书记以宏阔的战略思维和宽广的世界眼光，敏锐洞察到国家安全形势发展变化的新特点、新趋势，深入总结国家安全工作历史经验，创造性提出总体国家安全观，标志着党对国家安全工作规律的认识达到了新的高度。总体国家安全观内容十分丰富，逻辑十分严密，是一个完整的理论体系，是推进国家安全体系和能力现代化的锐利思想武器。

一、坚持党对国家安全工作的绝对领导

坚持党对国家安全工作的绝对领导，是推进国家安全体系和能力现代化的根本原则，也是维护国家安全的根本保证。要坚持党中央对国家安全工作的集中统一领导，加强统筹协调，把党的领导贯穿到国家安全工作各方面全过程，推动各级党委（党组）把国家安全责任制落到实处。党的十八大以来，国家安全领导体制日益完善，成立了国家安全委员会，形成了集中统一、高效权威的国家安全领导体制，建立健全了重点领域、重要专项国家安全工作协调机制和国家安全指挥体系。

二、统筹发展和安全

发展和安全是一体两面、相辅相成的。发展是安全的基础，安全是发展的

条件，二者不可分割。在构建新安全格局过程中，处理好二者关系至关重要。

第一，要避免“一头轻一头重”。既要避免强调经济建设是中心、安全为发展让路，“重发展、轻安全”的倾向，也要避免强调国家安全是国家头等大事，而让发展为安全让步，“重安全、轻发展”的倾向。

第二，要注重两大格局联动。要统筹好发展与安全，形成新安全格局与新发展格局联动机制，在推进国家安全体系和能力现代化，构建新发展格局的同时，考虑如何推进国家安全体系和能力现代化，构建新安全格局，把维护国家安全贯穿党和国家发展的各方面全过程；在谋划推进国家安全体系和能力现代化，构建新安全格局的时候，既要考虑推进国家安全体系和能力现代化，构建新安全格局对新发展格局的保障作用，还要考虑推进国家安全体系和能力现代化，构建新安全格局对新发展格局的促进作用，使新安全格局成为新发展格局的一个重要推动力量。

三、统筹好各领域安全关系

新时代安全问题的相互勾连，高度联动，要求我们在考虑安全问题时，不仅要考虑安全与发展的关系，还需要考虑各安全领域之间的关系，统筹考虑新安全格局的构建，既避免眉毛胡子一把抓，又避免抓了主要矛盾和主要方面，而完全忽视了次要矛盾和次要方面。

（一）要做好安全领域的“五个统筹”

要统筹好外部安全和内部安全、国土安全和国民安全、传统安全和非传统安全、自身安全和共同安全、维护国家安全和塑造国家安全。当今世界，安全问题的跨国性更加突出，安全问题早已超越国界，任何一个国家的安全问题积累到一定程度就可能外溢成为区域性甚至全球性安全问题，因此构建新安全格局必须着力实现外部安全和内部安全的良性互动。人口、领土都是国家构成不可或缺的因素，二者不可偏废。构建新安全格局，要摒弃传统安全观中把国家领土安全作为国家安全重心，甚至只讲国土安全不讲国民安全的倾向。在构建新安全格局时，既要突出国民安全在国家安全体系中的主导作用，又要强调国土安全依然占据不可或缺的地位，坚定维护国土安全。传统安全与非传统安全只有产生先后、表现形式不同之别，并无孰大孰小、孰轻孰重之分。推进国家安全体系和能力现代化、构建新安全格局，既不能因传统安全历史久、影响深而忽视非传统安全，又不能因非传统安全现实性强、威胁性大而忽视传统安全，要充分考虑传统安全与非传统安全的相互联系、相互影响，并且二者在一定条件下可能相互转化，以系统的思维来思考谋划新安全格局。当今世界，国家之间依存度高，利益融合度深，国家安全与国际安全紧密关联，任何国家都不可能有安全“孤岛”，实现自身安全必须考虑他国安全，因此，推进国家安全体系和能力现代化、构建新安全格局，必须以谋求共同安全为基点。维护和塑造是谋求国家安全的两种手段，维护在守，塑造在攻，攻守兼备才是维护国家安全的最佳路径。构建新安全格局，既要打造好坚强的“盾”，又要锻造好锐利的“矛”，“盾”坚“矛”锐方能立于不败之地。

（二）要充分发挥各安全领域在新安全格局中的特殊作用

坚持以人民安全为宗旨，以政治安全为根本，以经济安全为基础，以军事、科技、文化、社会安全为保障，以促进国际安全为依托，夯实国家安全和社会稳定的基层基础。

（1）以人民安全为宗旨，是中国共产党的性质宗旨所决定的。推进国家安全体系和能力现代化、构建新安全格局，在目标上坚持人民安全高于一切，在手段上坚持一切为了人民、一切依靠人民，努力团结人民，共同构筑维护国家安全的铜墙铁壁。

（2）政治安全关乎党和国家的安危，是国家安全的根本，没有了政治安全，其他安全都无从谈起。推进国家安全体系和能力现代化、构建新安全格局，必须把维护和塑造政治安全放在首位，坚决捍卫中国共产党的执政地位、捍卫中国特色社会主义制度。

（3）经济是一切安全的基础，经济安全受到冲击，其他安全的基础就会动摇。随着经济全球化的不断深入，世界经济互动日益增多。在经济发展动能增强的同时，经济竞争的广度、烈度也在提升，经济竞争已成为大国竞争的"主战场"。构建新安全格局必须着眼于新安全格局、保障新发展格局，不断强化经济在保障安全上的基础地位。

（4）军事、科技、文化、社会在国家安全格局中，军事是维护国家安全的根本保障，科技是支撑，文化是灵魂，社会是"晴雨表"。推进国家安全体系和能力现代化、构建新安全格局，必须强化军事、科技、文化、社会的保障能力，不断延展国家安全的纵深。

（5）全球化背景下，离开国际安全谈国家安全是没有出路的，国家安全必须以国际安全为依托。要推进国家安全体系和能力现代化、构建新安全格局，就要注意各安全主体间的互动，在注重维护本国安全利益的同时，必须兼顾其他安全主体的利益，着力构建和平、合作、共赢的安全共同体。

当代大学生应为维护国家安全和社会安全作出贡献

新时代，面对国内外日趋复杂的形势和我国正面临的安全困境和挑战，我们需要有源源不断的青年力量作为支撑。新时代大学生作为国家的未来和时代接班人，他们维护国家安全和社会安全的社会责任感的程度，直接关系着国家的发展和民族的前途。大学生应该不断提高自身素质，把促进国家安全和社会安全的思想教育贯穿到平时的学习、生活和活动中去，将维护国家安全和社会安全作为首要任务，成为国家安全和社会安全的自觉维护者。

一、树立维护国家安全的意识

（一）不断加强对总体国家安全观的理论学习

总体国家安全观理论学习是培养大学生总体国家安全观的基础。首先，大学生要明确总体国家安全观提出的背景以及核心内涵。深刻认识总体国家安全观的提出标志着我国国家安全理论的成熟，是习近平新时代中国特色社会主义思想的重要组成部分。坚持总体国家安全观，是构建集政治安全、国土安全、军事安全、经济安全、文化安全、社会安全、科技安全、信息安全、生态安全、资源安全、核安全等于一体的国家安全体系。在具体的学习过程中，要持续关注总体国家安全观的综合性、系统性以及唯物辨证的特性，进行全面系统的理论学习。其次，要认识到坚持总体国家安全观，必须坚持国家利益至上，以人民安全为宗旨，以政治安全为根本，统筹外部安全和内部安全、国土安全和国民安全、传统安全和非传统安全、自身安全和共同安全。再次，要时刻加强国家安全观的法制学习，大学生要对国家安全相关法律进行学习，做到知法守法。

（二）不断加强总体国家安全观的责任感

大学生总体国家安全观责任感是其履行维护国家安全的重要保障。首先，大学生要不断进行爱国主义情感教育。深刻的爱国主义情感是大学生践行总体国家安全观的重要支撑力量，对祖国的热爱和维护要出于自己的情感本能。大学生要自觉接受爱国主义情感教育，厚植自己爱国主义精神和情感，做到自觉维护国家安全和利益。其次，大学生在对历史的学习中，要了解近代中国所遭受的危机和屈辱，深刻体会今天中国建设成果的来之不易，坚定伟大复兴的中国梦的决心，从而主动维护国家安全，践行总体国家安全观。最后，大学生要主动接受国家安全责任意识教育，培养忧患意识和责任意识，正确认识当前国内外复杂安全形势，时刻保持忧患意识，居安思危，不断提高对国家的责任感和使命感，自觉维护国家安全。

（三）不断加强总体国家安全观实践能力

大学生对总体国家安全观的认识和学习最终要落实到实践，这是其目的所在。首先，大学生在践行总体国家安全观时，要关注信息安全和文化安全等领域，提升批判和甄别各种信息的能力，能够自觉避免新自由主义等西方消极文化的侵蚀。其次，在面对敌对势力危害国家安全的行为时，大学生要及时作出有效应对和最佳选择。比如，对网络上藏独、疆独、民族分裂等危害国家安全的言论和信息不做口舌之争，及时举报；对外国间谍情报人员的策反行为能迅速反应、自觉避免，并且报警立案。最后，大学生要不断锻炼心性，避免感情丰富易冲动，避免在对待事情看法上出现偏激和不理性，在国家安全行为上不盲从不偏激。

二、始终树立国家利益高于一切的观念

大学生要始终树立国家利益高于一切的观念。国家安全涉及国家社会生活的方方面面，是国家、民族生存与发展的首要保障。大学生要把国家安全放在高于一切的地位，是国家利益的需要，也是个人安全的需要。

（一）维护国家安全，事关国运兴衰

国家安全是定国安邦的重要基石，是一个国家赖以生存和发展的先决条件。青年学生应该认识到，失去国家安全保障，一个国家和民族就无法掌握自己的命运。只有保障好国家安全，才能保持长治久安。从全球范围看，重视国家安全是世界主要大国的普遍做法。随着我国发展进入由大到强新跨越的关键时期，国家安全呈现出拓展深化的新需求，国家治理呈现出构建安全中国的新形态，只有全面保障国家安全，中华民族才能更加顺利地走上复兴之路。

（二）维护国家安全，事关发展大计

发展是安全的基础，安全是发展的条件。长期以来，我们党始终高度重视正确处理改革发展稳定的关系，把维护国家安全和社会安定作为党和国家的一项基础性工作，营造有利于改革发展的安全环境。实践表明，只有具备安全稳定的国际国内环境，我们才能心无旁骛地发展生产，党和国家各项事业才能得以顺利推进。

（三）维护国家安全，事关人民福祉

大学生要认识到国家安全是宏观的，也是具体的，与每个人息息相关。国家长治久安，是人民幸福安康的重要保障；丧失国家安全，最大最直接的受害者就是广大人民群众。新中国成立后，我们党团结带领人民完成社会主义革命，推进社会主义现代化建设，奠定了国家政治安全的格局，人民安全和国家利益得到保障，人民生活水平、居民收入水平、社会保障水平不断迈上新台

阶。特别是党的十八大以来，以习近平同志为核心的党中央坚持以人民为中心，高度重视民生改善，人民群众获得感、幸福感、安全感显著提升。正反两方面的经验教训充分表明，只有国家安全、社会安定，人民才能安居乐业。

大学生在维护国家安全的过程中，要认识到国家安全的根基在人民、力量在人民，维护国家安全，你我都是主角。只有全社会动员起来、行动起来，人人都为维护国家安全作出积极贡献，才能筑牢国家安全的人民防线，夯实国家安全的社会基础，使危害国家安全者无处藏身、危害国家安全的行为无法得逞。

三、努力学习有关国家安全法规，履行法律赋予的权利和义务

大学生要在生活和学习中熟悉国家安全的法律法规。应该弄清什么是合法，什么是违法，可以做什么，不能做什么。其中，特别应当熟悉以下法律法规：《宪法》、《中华人民共和国国家安全法》、《中华人民共和国保守国家秘密法》、《刑法》、《刑事诉讼法》、《科学技术保密规定》、《中国留学人员守则》等。对遇到的法律界限不清的问题，要肯学、勤问、慎行。近年来，我国坚持总体国家安全观，国家安全呈现出新气象、新作为，具体表现为国家安全法律体系已经成形，形成了以《中华人民共和国国家安全法》《中华人民共和国反恐怖主义法》《中华人民共和国国家情报法》《中华人民共和国保守国家秘密法》《中华人民共和国反间谍法》等法律法规为核心的法律体系。

（一）加强对《中华人民共和国国家安全法》等法规学习

提高守法意识。要熟悉国家安全的法律法规。应该弄清哪些事可以做，哪些事不能做。面临复杂多变的国际安全形势，作为社会主义现代化建设的主力军的当代大学生，要继续发扬中华民族艰苦朴素的优良传统，坚定不移地在党

的领导下走具有中国特色的社会主义道路，充分利用在校学习的宝贵时间，努力学习相关法律法规，提升自身的辨别能力。

（二）提升安全防范意识

作为大学生，要积极参加各类爱国主义宣传及国家安全教育活动，以便更好地认清国家安全形势、增强危机忧患意识、树立国家安全观念。大学生由于长时间在学校学习，与社会接触较少，对国家安全的认识还停留在军事、战争、国防、领土、情报、间谍这样一些传统的、局部的认识上。当前，国家安全既包括国土安全、主权安全、政治安全、经济安全、国防安全、国民安全等传统内容，也包括文化安全、科技安全、金融安全、信息安全等方面的新内容。因此，大学生要全方位理解国家安全，只有这样，才可以更好地提高大学生国家安全意识。

（三）积极履行维护国家安全的权利和义务

讲到国家安全，大学生往往会自然联想到国家安全机关、军队、警察，这种把国家安全等同于情报间谍活动的片面认识，使大学生往往不能自觉地把维护国家安全与自身的责任联系起来，或多或少、有意无意地认为“国家安全与己无关”。此种观念和想法是极其错误的，维护国家安全不仅是公民的权利也是公民的义务。维护国家安全没有局外人，当代大学生应该结合自身所学的专业为守卫国家安全贡献自己的青春力量。比如，在中印边界冲突中，四位中国军人牺牲，他们中有刚刚成年，写下“清澈的爱，只为中国”的陈祥榕；有写下“我们就是祖国的界碑，脚下的每一寸土地，都是祖国的领土”的肖思远；有选择了把生的希望留给战友的王焯冉；有在书上标记“党把自己放在什么岗位上，就要在什么岗位上建功立业”的陈红军。这四位青年，本可以无忧无虑地生活，但心中强烈的保家卫国、保卫人民的情感，让他们选择了到祖国最艰苦也是最需要的地方卫戍边疆，并在祖国最需要的时刻，用最后一滴鲜血捍卫了脚下的每一寸山河。他们用自己的生命来维护国家的国土安全，值得我们每一个青年人学习。《宪法》第五十四条规定：“中华人民共和国公民有维护祖国的安全、荣誉和利益的义务，不得有危害祖国的安全、荣誉和利益的行为。”《国家安全法》第三章中也明确作出了公民和组织维护国家安全的义务和权利的规定。因此，大学生要摒弃“国家安全与己无关”的观念。大学生应该以国家主人翁的姿态，积极享受和履行维护国家安全的各项权利和义务。

四、提高保密意识，遵守保密制度

保密工作关系到党和国家的安全，关系到经济建设和社会发展的大局。因此，大学生要强化敌情观念和保密意识，每个人在对外交往中能自觉遵守各项保密制度和规定，自觉保守党和国家的秘密。近年来，境外间谍情报机关在策反中方人员，窃取中国政治、军事情报和外交秘密的同时，加大了对经济、科技领域的渗透、窃密的力度。不少在校或留学生被谍报机关盯住，以金钱利诱等方式迫使他们提供情报服务。这类案件近年来频繁发生，大学生应加强自身安全意识，提升反奸防谍能力。

五、不断提升维护国家安全能力，善于识别各种伪装

从理论上讲，有关国家安全的常识、规定都比较完善了，依规行事不会出大问题，但是，实际生活比我们想象的要复杂得多。比如，有的间谍情报人员采用五花八门的手段，套取国家秘密、科技政治情报和内部情况。如果丧失警惕，就可能上当受骗，甚至违法犯罪。因此，在对外交往中，既要热情友好，又要内外有别、不卑不亢；既要珍惜个人友谊，又要牢记国家利益；既可争

取各种帮助、资助，又不失国格、人格。识别伪装既难又易，关键就在淡泊名利，对发现的别有用心者，要依法及时举报，进行斗争，决不准许其恣意妄行。同时，也要克服妄自菲薄等不正确思想。作为中国人要挺直腰板，决不妄自菲薄、悲观失望。我们只要有正确的认识，就可以在许多问题上避免产生错误的看法，不会作出危害国家安全的事情来。

六、要积极配合国家安全机关的工作，坚决制止损害国家安全的行为

国家安全机关是国家安全工作的主管机关，是与公安机关同等性质的司法机关，分工负责间谍案件的侦查、拘留、预审和执行逮捕。当国家安全机关需要大学生配合工作的时候，在工作人员表明身份和来意之后，每个同学都应当按照《国家安全法》赋予的义务要求，认真履行职责，尽力提供便利条件或其他协助，如实提供情况和证据，做到不推、不拒，更不以暴力、威胁方法阻碍执行公务，还要切实保守好已经知晓的国家安全工作的秘密。

在日常生活和工作中，大学生要用自己的实际行动把国家的安全放在心上，把国家的利益置于个人利益之上，以自己的实际行动来维护国家的利益，积极维护国家安全。任何时候、任何地点大学生都不要忘记宣传的重要性，作为大学生应该把安全知识铭记于心，把它宣传出去，让更多人知道国家的安全关系着个人的命运。当国家安全受到危胁的时候，作为有思想、有主见、爱国、心中装着群众的大学生，首先应该站出来，奋不顾身地投入到国家安全的维护之中，奉献自己的力量。发现可疑线索不隐瞒。任何组织和个人发现危害国家安全的情况和线索，均可以拨打国家安全机关举报电话进行举报。对于一切对国家安全造成损害的行为，我们要毫不犹豫地进行制止，让那些损害国家安全

的敌对分子知道，我们的大学生是勇于斗争的。不非法传播国家信息。不参与出版和传播政治性非法出版物，不利用电子邮件、电子论坛等网络传播途径美化西方社会，诋毁我国形象。要严守党和国家秘密，自觉同泄密行为和窃密行径作斗争。不随意拍照录像。不能在军事基地，军用港口等地未经允许拍照，更不要在微信朋友圈分享部队训练、武器装备、军人军装照等图片，不法分子常常会通过网络图片追踪更多有关我国军事情况的信息，从而对军事安全构成威胁。积极配合国家安全机关的工作，支持和理解它们的工作。我们可以向国家安全机关、公安机关和有关军事机关提供必要的支持和帮助。从小事做起，为保护国家安全贡献自己的一分力。

总之，大学生应该以国家主人翁的姿态，积极维护国家安全，安而不忘危，存而不忘亡，治而不忘乱。站在时代与知识前沿的大学生，应该起到带头作用，以身作则，树立总体国家安全观。

参考文献

1.《党的二十大报告辅导读本》，人民出版社 2022 年版。

2.《〈中共中央关于党的百年奋斗重大成就和历史经验的决议〉辅导读本》，人民出版社 2021 年版。

3. 全国干部培训教材编审指导委员会:《全面践行总体国家安全观》，人民出版社、党建读物出版社 2019 年版。

思考题

1. 统筹发展和安全，推进国家安全体系和能力现代化有何重大意义？

2. 为什么统筹发展和安全、推进国家安全体系和能力现代化，是适应新时代国家安全新变化、新特点的需要？

3. 简述当代大学生在维护国家安全和社会安全中应该怎样做？

专题六

坚持和完善“一国两制”，推进祖国统一

知识要点

“一个国家，两种制度”是中国共产党和中国政府为实现国家和平统一而提出的基本国策。“一国两制”构想最早是为解决台湾问题而提出的，在实践中首先被运用到解决香港、澳门回归祖国问题上，并取得成功。香港、澳门回归祖国并长期保持繁荣稳定的事实充分表明，“一国两制”是解决历史遗留的香港、澳门问题的最佳方案，也是香港、澳门回归后保持长期繁荣稳定的最佳制度。

台湾是中国的台湾。解决台湾问题是中国人自己的事，要由中国人来决定。在新时代新征程上，中国共产党和中国政府将继续团结带领两岸同胞顺应历史大势，勇担时代责任，把前途命运牢牢掌握在自己手中，为实现祖国完全统一和中华民族伟大复兴而努力奋斗。按照“一国两制”实现两岸和平统一，将给中国发展进步和中华民族伟大复兴奠定新的基础，将给台湾经济社会发展创造巨大机遇，将给广大台湾同胞带来实实在在的好处。两岸同胞应共同探索实施“一国两制”台湾方案，共同发展完善“一国两制”制度体系，确保台湾长治久安。国家统一、民族复兴的历史车轮滚滚向前，祖国完全统一一定要实现，也一定能够实现。

"一国两制"是中国特色社会主义的伟大创举

"一个国家，两种制度"是中国共产党和中国政府为实现国家和平统一而提出的基本国策。

党的十一届三中全会后，党中央在毛泽东、周恩来等老一辈革命家关于争取和平解放台湾思想的基础上，正视历史和现实，创造性地提出"一国两制"科学构想，开辟了以和平方式实现祖国统一的新途径。

一、"一国两制"构想最早是为解决台湾问题而提出的

20 世纪 70 年代后期，随着中美建交和国际国内形势发生重大变化，解决台湾问题被提上党和国家重要议事日程。1977 年 8 月 24 日，邓小平在会见美国时任国务卿万斯时指出，中国"力求通过和平方式解决台湾问题"，"会考虑台湾的实际情况，采取恰当的政策解决台湾问题，实现国家的统一"。1979 年 1 月 1 日，全国人大常委会发表《告台湾同胞书》，郑重宣示了争取祖国和平统一的大政方针。同日，中国政府以时任国防部部长徐向前的名义发表声明，宣布从即日起停止对大、小金门等岛屿的炮击。

1981 年 8 月 26 日，邓小平在会见台湾、香港知名人士时，进一步阐明了中央对台湾的政策，他指出，台湾不搞社会主义，社会制度不变，台湾人民的生活水平不降低，外国资本不动，甚至可以拥有自己的武装力量，即使使用武力方式解决台湾问题，台湾的现状也可以不变。1981 年 9 月 30 日，时任全国

人大常委会委员长叶剑英发表谈话，进一步阐述了台湾回归祖国、实现和平统一的九条方针，明确指出："国家实现统一后，台湾可作为特别行政区，享有高度的自治权，并可保留军队。中央政府不干预台湾地方事务。""台湾现行社会、经济制度不变，生活方式不变，同外国的经济、文化关系不变。私人财产、房屋、土地、企业所有权、合法继承权和外国投资不受侵犯。"[①] 这九条方针全面系统地阐述了改革开放后中国共产党的对台政策，实际上已经形成了"一个国家，两种制度"的基本构想。

1982 年 1 月 11 日，邓小平在会见美国华人协会主席李耀滋时指出，九条方针"实际上就是一个国家，两种制度。两种制度是可以允许的"。这是邓小平首次提出"一个国家，两种制度"的概念。

1982 年 12 月，第五届全国人大五次会议通过的宪法第三十一条规定："国家在必要时得设立特别行政区。在特别行政区内实行的制度按照具体情况由全国人民代表大会以法律规定。"这体现了"一国两制"构想，为国家在香港、澳门设立特别行政区提供了直接的宪法依据。

根据"一国两制"构想，1983 年 6 月 26 日，邓小平提出解决台湾问题的六条方针。其主要内容是："祖国统一后，台湾特别行政区可以有自己的独立性，可以实行同大陆不同的制度。司法独立，终审权不须到北京。台湾还可以有自己的军队，只是不能构成对大陆的威胁。大陆不派人驻台，不仅军队不去，行政人员也不去。台湾的党、政、军等系统，都由台湾自己来管。中央政府还要给台湾留出名额。"[②] 这六条方针，进一步充实了"一国两制"构想的内容，使其更加具体化、系统化。

---

① 《叶剑英选集》，人民出版社 1996 年版，第 564 页。
② 《邓小平文选》第三卷，人民出版社 1993 年版，第 30 页。

二、“一国两制”构想在实践中首先被运用到解决香港、澳门回归祖国问题上，并取得成功

香港问题是英国殖民主义者侵略中国造成的历史遗留问题。1840 年鸦片战争后，英国政府强迫清政府相继签订《南京条约》《北京条约》《展拓香港界址专条》等不平等条约，强占中国的香港岛、九龙，并强租新界地区。按照中英《展拓香港界址专条》的规定，新界租期为 99 年，至 1997 年 6 月 30 日期满。新界占整个香港地区面积的 92%，香港的能源和主要工业都在这里，离开新界，香港岛和九龙无法单独生存。1979 年，新界租期还有 18 年即将期满，由于面临新界土地契约能否跨越“九七”问题，投资者开始裹足不前。英国政府此时提出了香港未来的地位问题，试图借中国百废待兴之机向中国施加压力，取得管治香港的长期权力。

1979 年 3 月 29 日，邓小平会见香港第二十五任总督麦理浩时说，我们历来认为，香港主权属于中华人民共和国，这个问题本身不能讨论。但解决这个问题时，我们也会尊重香港的特殊地位。邓小平表示不能同意麦理浩提出的在 1997 年 6 月以后新界仍由英国管理的建议。

1981 年 12 月，中共中央作出 1997 年 7 月 1 日收回香港的决定。中国政府对处理香港问题确定了两条原则：一是一定要在 1997 年收回香港，恢复行使主权，不能再晚；二是在恢复行使主权的前提下，保持香港的稳定和繁荣。

1982 年 9 月，英国首相撒切尔夫人访问中国，正式拉开中英关于香港问题谈判的序幕。会谈中，撒切尔夫人强调香港的繁荣有赖于英国的统治，并说如果现在对英国的管理实行或宣布重大改变，将对香港产生灾难性影响，强烈表示不能单方面废除有关香港的 3 个条约。对此，邓小平明确指出，主权问题不是一个可以讨论的问题。1997 年中国将收回香港，不仅是新界，而且包括

香港岛、九龙。中国和英国就是在这个前提下进行谈判，商讨解决香港问题的方式和办法。如果中国在1997年，也就是中华人民共和国成立48年后还不把香港收回，任何一个中国领导人和政府都不能向中国人民交代，甚至也不能向世界人民交代。香港继续保持繁荣，根本上取决于中国收回香港后，在中国的管辖之下，实行适合于香港的政策。邓小平还强调，如果在15年的过渡期内香港发生严重的波动，“中国政府将被迫不得不对收回的时间和方式另作考虑。如果说宣布要收回香港就会像夫人说的‘带来灾难性的影响’，那我们要勇敢地面对这个灾难，作出决策”[①]。邓小平同撒切尔夫人的谈话，鲜明地表达了中国共产党和中国政府的原则立场和按时收回香港的坚定决心，解决香港问题的基调就这样按照中国人民的意志定了下来。

1982年10月，中英关于香港问题的谈判正式开始。1984年9月，中英双方在中方政策基础上达成协议。1984年12月19日，中英两国政府正式签署《关于香港问题的联合声明》，确认中华人民共和国政府于1997年7月1日对香港恢复行使主权。从此，香港进入回归祖国的过渡期。

香港回归进入过渡期后，中国政府开始制定香港特别行政区基本法。1987年4月16日，邓小平会见基本法起草委员会委员时指出，“一国两制”能不能够真正成功，要体现在香港特别行政区基本法里面。香港的制度也不能完全西化，不能照搬西方的一套。管理香港事务的人应该是爱祖国、爱香港的香港人。1990年4月，七届全国人大三次会议审议通过《中华人民共和国香港特别行政区基本法》，把中央政府对香港的各项方针政策以法律形式固定下来，奠定了依法治港的法律基石。

当香港回归进程启动之后，澳门回归问题也随之提上日程。澳门，包括澳门半岛、氹仔岛和路环岛，自古以来就是中国的领土，于16世纪以后被葡萄

① 《邓小平文选》第三卷，人民出版社1993年版，第14页。

牙逐步占领，成为我国和平统一过程中面临的另一个历史问题。1986 年 6 月，中国和葡萄牙两国政府开始就澳门问题举行谈判，谈判比较顺利。1987 年 4 月 13 日，中葡两国政府正式签署《关于澳门问题的联合声明》，宣布中国政府将于 1999 年 12 月 20 日对澳门恢复行使主权。从此，澳门进入回归祖国的过渡期。

1993 年 3 月，八届全国人大一次会议审议通过《中华人民共和国澳门特别行政区基本法》，为"一国两制"构想在澳门的实践提供了法律保障。

香港、澳门回归进程的启动，证明"一国两制"构想既体现了实现祖国统一、维护国家主权的原则性，又充分考虑到香港、澳门等地的历史和现实，是推动祖国和平统一的创造性方针，为世界各国提供了国家间解决历史遗留问题的范例。

（一）香港回归祖国

中国政府根据香港特别行政区基本法，加紧了对香港恢复行使主权和筹建香港特别行政区的有关工作。

1993 年 7 月 2 日，八届全国人大常委会二次会议通过决定，设立香港特别行政区筹备委员会预备工作委员会。预委会成员由内地和香港的各方面人士和专家组成，其中香港委员不少于 50%。从 1993 年 7 月至 1996 年 1 月，预委会在成立后的两年半时间内，进行了大量卓有成效的工作。在广泛征求港人和内地有关部门意见的基础上，就未来香港特别行政区的政权建设、经济发展、文化和民生等各方面问题提出了 46 份比较系统的书面建议和意见，有些还形成了正式文件，为正式建立香港特别行政区筹备委员会打下了良好基础。预委会的有效运转，给港英当局以有力的回击，迫使英国政府调整了对抗政策。在香港过渡期的最后几年，经过艰巨工作和斗争，中国政府在重大问题上牢牢掌握了主动权。

1996年1月26日，香港特别行政区筹备委员会成立，标志着中国政府对香港恢复行使主权的准备工作进入具体实施阶段。筹委会成立后，立即开始就香港特别行政区第一届政府推选委员会的组建问题，在香港展开大规模的咨询活动。同年11月初，筹委会在广泛征求香港各界意见基础上，产生了由400名委员组成的香港特别行政区第一届政府推选委员会，揭开了全面组建香港特别行政区政府的序幕。同年12月11日，全体推委会委员以无记名投票方式，选举董建华为香港特别行政区第一任行政长官人选。12月16日，时任国务院总理李鹏签署国务院第207号令，任命董建华为香港特别行政区第一任行政长官。

12月21日，推委会在深圳举行第四次全体会议，选举产生特别行政区临时立法会60名议员。香港回归的各项准备工作基本就绪。

1997年6月30日午夜至7月1日凌晨，举世瞩目的中英两国政府香港交接仪式在香港会议展览中心大会堂举行。6月30日23时59分，英国国旗和香港旗缓缓降下，象征着英国对香港一个半世纪的殖民统治宣告结束。7月1日零时，中华人民共和国国歌奏响，中华人民共和国国旗和中华人民共和国香港特别行政区区旗冉冉升起。时任中华人民共和国主席江泽民庄严宣告："中国对香港恢复行使主权。中华人民共和国香港特别行政区正式成立。这是中华民族的盛事，也是世界和平与正义事业的胜利。"①交接仪式结束后，举行了中华人民共和国香港特别行政区成立暨特区政府宣誓就职仪式。中国人民解放军驻港部队于7月1日零时开始履行香港防务职责。

历经百年沧桑的香港胜利回到祖国的怀抱，洗雪了中华民族百年耻辱，完成了实现祖国完全统一的重要一步，这是彪炳中华民族史册的千秋功业。香港同胞从此成为祖国这块土地上的真正主人，香港从此走上同祖国共同发展、永

① 《江泽民文选》第一卷，人民出版社2006年版，第651页。

不分离的宽广道路。

（二）澳门回归祖国

在香港回归的各项准备工作紧张进行的同时，澳门回归也提上日程。由于中葡双方一直保持着较好的合作关系，关于澳门回归问题的谈判进展顺利。《中华人民共和国澳门特别行政区基本法》的制定也进行得平稳顺利。1998年4月29日，九届全国人大常委会二次会议审议并通过了澳门特别行政区筹备委员会组成人员名单。1998年5月5日，澳门特别行政区筹备委员会正式成立。从9月起，筹委会就澳门特别行政区第一届政府推选委员会的具体产生办法在澳门开展了广泛的咨询活动，在充分吸纳澳门居民意见的基础上，制定了《中华人民共和国澳门特别行政区第一届政府推选委员会具体产生办法》。1999年4月10日，筹委会全体会议以无记名和差额选举的方式，选举产生了澳门特别行政区第一届政府推选委员会。同年5月15日，推选委员会在澳门举行第三次全体会议，以无记名投票方式，选举何厚铧为澳门特别行政区首任行政长官人选。5月20日，时任国务院总理朱镕基签署国务院第264号令，任命何厚铧为澳门特别行政区第一任行政长官。经过澳门特别行政区筹委会一年多紧张、高效的工作，顺利完成了澳门回归的各项准备工作。

1999年12月19日午夜至20日凌晨，中葡两国政府举行澳门政权交接仪式。12月19日23时59分，葡萄牙国旗和澳门市政厅旗降下。12月20日零时，中华人民共和国国歌奏响，中华人民共和国国旗和中华人民共和国澳门特别行政区区旗冉冉升起。时任中华人民共和国主席江泽民庄严宣告："中国政府对澳门恢复行使主权。历史将永远记住这举世关注的重要时刻。从这一刻起，澳门的发展进入了一个崭新的时代。"[①] 中国人民解放军驻澳部队于12月20日零时开始履行澳门防务职责。

---

① 《江泽民文选》第二卷，人民出版社2006年版，第484页。

澳门的胜利回归，是中国人民在完成祖国统一大业的道路上树立的又一座丰碑。

1999 年 12 月 28 日，国务院将新华社香港分社、澳门分社分别更名为中央人民政府驻香港、澳门特别行政区联络办公室，作为中央人民政府授权的工作机构继续在香港、澳门地区履行职责。

回归祖国后，香港、澳门作为直辖于中央政府的特别行政区，重新纳入国家治理体系。中央政府依照宪法和特别行政区基本法对香港、澳门实行管治，与之相应的特别行政区制度和体制得以确立。香港、澳门同祖国内地的联系越来越紧密。面对亚洲金融危机的严重冲击和国际经济环境变化的不利影响，在中央政府的有力支持下，特区政府沉着应对，香港、澳门各界人士携手努力，妥善处理一系列经济和社会问题，保持了经济和社会的稳定。

一个时期内，受各种内外复杂因素影响，“反中乱港”活动猖獗，香港局势一度出现严峻局面。中国共产党和中国政府审时度势，采取一系列标本兼治的举措，坚持和完善“一国两制”制度体系，推动香港局势实现由乱到治的重大转折，进入由治及兴的新阶段，为推进依法治港治澳、促进“一国两制”实践行稳致远打下了坚实基础。事实充分表明，“一国两制”是解决历史遗留的香港、澳门问题的最佳方案，也是香港、澳门回归后保持长期繁荣稳定的最佳制度。2022 年 10 月，习近平总书记在党的二十大报告中强调，“一国两制”是中国特色社会主义的伟大创举，是香港、澳门回归后保持长期繁荣稳定的最佳制度安排，必须长期坚持。

全面把握贯彻“一国两制”基本方针

“一国两制”是一项开创性事业，对中央来说是治国理政的重大课题，对香港、澳门来说是重大历史转折。必须从维护国家主权、安全、发展利益，保持香港、澳门长期繁荣稳定的根本宗旨出发，全面准确理解和贯彻“一国两制”方针政策，把坚持一国原则和尊重两制差异、维护中央权力和保障特别行政区高度自治权、发挥祖国内地坚强后盾作用和提高香港、澳门自身竞争力有机结合起来，任何时候都不能偏废。

一、全面准确把握“一国两制”的含义

“一国两制”是一个完整的概念。

第一，“一国”是指在中华人民共和国内，香港特别行政区和澳门特别行政区是国家不可分离的部分，是直辖于中央人民政府的地方行政区域。中华人民共和国是单一制国家，中央政府对包括香港特别行政区、澳门特别行政区在内的所有地方行政区域拥有全面管治权。

香港特别行政区、澳门特别行政区享有的高度自治权不是完全自治，也不是分权，而是中央授予的地方事务管理权。高度自治权的限度在于中央授予多少权力，香港特别行政区、澳门特别行政区就享有多少权力，不存在“剩余权力”。

同时，宪法明确规定国家的根本制度是社会主义制度，并规定了国家的基

本制度、领导核心和指导思想等制度和原则。坚持一国原则，最根本的是要维护国家主权、安全和发展利益，尊重国家实行的根本制度以及其他制度和原则。

第二，“两制”是指在“一国”之内，国家主体实行社会主义制度，香港、澳门等某些区域实行资本主义制度。“一国”是实行“两制”的前提和基础，“两制”从属和派生于“一国”，并统一于“一国”之内。“一国”之内的“两制”并非等量齐观，国家的主体必须实行社会主义制度，是不会改变的。在这个前提下，从实际出发，充分照顾到香港、澳门等某些区域的历史和现实情况，允许其保持资本主义制度长期不变。

因此，国家主体坚持社会主义制度，是香港、澳门实行资本主义制度，保持繁荣稳定的前提和保障。香港、澳门继续保持原有的资本主义制度，依照基本法实行“港人治港”、“澳人治澳”、高度自治，且必须在坚持一国原则的前提下，充分尊重国家主体实行的社会主义制度，特别是尊重国家实行的政治体制以及其他制度和原则。

内地在坚持社会主义制度的同时，要尊重和包容香港、澳门实行的资本主义制度，还可以借鉴香港、澳门在经济发展和社会管理等方面的成功经验。

在“一国”之内，两种制度只有相互尊重，相互借鉴，才能和谐并存，共同发展。关于“一国”和“两制”的关系，习近平总书记曾形象地指出，“一国”是根，根深才能叶茂；“一国”是本，本固才能枝荣。[①]坚守“一国”之本，善用“两制”之利，我们既要把实行社会主义制度的内地建设好，又要把实行资本主义制度的香港、澳门建设好。

---

① 《习近平谈治国理政》第二卷，外文出版社 2017 年版，第 435 页。

二、坚决维护宪法和基本法的权威

以香港特别行政区为例，宪法和香港基本法共同构成香港特别行政区的宪制基础。宪法作为国家的根本法，在包括香港特别行政区在内的中华人民共和国领土范围内具有最高法律地位和最高法律效力。香港基本法是根据宪法制定的、规定香港特别行政区制度的基本法律，在香港特别行政区具有宪制性法律地位。香港特别行政区的制度和政策均以香港基本法的规定为依据；香港特别行政区立法机关制定的任何法律，均不得同香港基本法相抵触。香港特别行政区行政、立法、司法行为都必须符合香港基本法；在香港特别行政区的个人以及一切组织和团体都必须以香港基本法为活动准则。同时，香港基本法作为全国性法律，在全国范围内适用。

香港基本法规定，香港基本法的解释权属于全国人民代表大会常务委员会，修改权属于全国人民代表大会。香港基本法同时规定，香港特别行政区法院在审理案件时可对基本法中香港特别行政区自治范围内的条款自行解释，也可对其他条款解释。这种解释权源于全国人大常委会的授权。如果香港特别行政区法院在审理案件时需要对香港基本法关于中央政府管理的事务或中央和香港特别行政区关系的条款进行解释，而该条款的解释又影响到案件的判决，在对该案件作出不可上诉的终局判决前，应由香港特别行政区终审法院提请全国人大常委会作出解释。如全国人大常委会作出解释，香港特别行政区法院在引用该条款时，须以全国人大常委会的解释为准。这与香港特别行政区的法律地位是一致的。全国人大常委会依法行使基本法解释权是维护"一国两制"和香港法治的应有之义，既是对特别行政区执行基本法的监督，又是对特别行政区实行高度自治的保障。

香港基本法实施以来，已经建立完善了一系列与之相关的制度和机制，包括在行政长官产生办法和立法会产生办法的修改方面，确立了行政长官向全国人大常委会提出报告、全国人大常委会作出决定、立法会通过、行政长官同意及全国人大常委会批准或备案的“五步曲”法律程序；在基本法解释方面，建立了全国人大常委会主动释法、行政长官向国务院作出报告并由国务院提请全国人大常委会释法及特别行政区终审法院提请全国人大常委会释法等有关程序和工作机制；在特别行政区立法方面，明确了全国人大常委会处理特别行政区法律备案的工作程序；在特别行政区与内地司法协助方面，达成了相互送达民商事司法文书、相互认可和执行仲裁裁决和部分民商事判决等一系列安排；在行政长官向中央政府负责方面，形成了行政长官向中央述职的制度安排。随着“一国两制”实践不断发展，香港基本法实施不断深入，必然要求继续完善与香港基本法实施相关的制度和机制，特别是要着眼香港的长治久安，把香港基本法规定的属于中央的权力行使好，使中央与香港特别行政区的关系切实纳入法制化、规范化轨道运行。

三、坚持以爱国者为主体的“港人治港”“澳人治澳”

对国家效忠是从政者必须遵循的基本政治伦理。在“一国两制”之下，包括行政长官、主要官员、行政会议成员、立法会议员、各级法院法官和其他司法人员等在内的治港、治澳者，肩负正确理解和贯彻执行香港、澳门基本法的重任，承担维护国家主权、安全、发展利益，保持香港、澳门长期繁荣稳定的职责。

爱国是对治港、治澳者主体的基本政治要求。如果治港、治澳者不是以爱国者为主体，或者说治港、治澳者主体不能效忠于国家和香港特别行政区、澳门特别行政区，“一国两制”在香港特别行政区、澳门特别行政区的实践就会偏离正确方向，不仅国家主权、安全、发展利益难以得到切实维护，而且香港、澳门的繁荣稳定和广大港、澳同胞的福祉也将受到威胁和损害。

宪法和香港、澳门基本法规定设立香港、澳门特别行政区，就是为了维护国家的统一和领土完整，保持香港、澳门长期繁荣稳定。例如，香港基本法规定特别行政区行政长官、主要官员、行政会议成员、立法会主席及立法会80%以上的议员、终审法院和高等法院的首席法官，都必须由在外国无居留权的香港永久性居民中的中国公民担任；行政长官、主要官员、行政会议成员、立法会议员、各级法院法官和其他司法人员在就职时必须依法宣誓拥护中华人民共和国香港特别行政区基本法，效忠中华人民共和国香港特别行政区；行政长官必须就执行基本法向中央和特别行政区负责。这是体现国家主权的需要，确保治港者主体效忠国家，并使其接受中央政府和香港社会的监督，切实对国家、对香港特别行政区以及香港居民负起责任。

四、坚定支持行政长官和特别行政区政府依法施政

作为特别行政区和特别行政区政府的“双首长”，行政长官是香港、澳门贯彻落实“一国两制”方针政策和基本法的第一责任人。中央政府始终坚定不移地支持行政长官和特别行政区政府依法施政，团结带领香港、澳门社会各界人士集中精力发展经济，切实有效改善民生，循序渐进推进民主，包容共济促进和谐。中央政府继续支持香港特别行政区、澳门特别行政区依照基本法的规定循序渐进发展符合香港、澳门实际情况的民主政制。中央政府真诚地支持香港、澳门的民主政制向前发展。

五、继续推动内地与香港、澳门的交流合作

香港、澳门与内地日益紧密的交流合作，拓宽了香港、澳门与内地优势互补、共同发展的道路。香港、澳门可以充分利用内地广阔的市场腹地和丰富的要素资源，把握国家快速发展的机遇，从中获得巨大的发展空间和不竭的发展动力。香港、澳门通过继续巩固、提升既有优势，可以进一步发挥作为国家引进外资、人才，吸收借鉴国际先进技术和管理经验的窗口作用，发挥国家实施“走出去”战略的桥梁作用，对内地加快转变经济发展方式的助推作用，以及对内地创新经济社会管理方式的借鉴作用。

中央政府将继续支持香港特别行政区政府、澳门特别行政区政府与中央政府有关部门、内地有关地方建立更加密切的工作联系，支持香港、澳门同胞与内地民众开展更加紧密的交往，支持香港、澳门在国家全面深化改革和对外开放中发挥独特作用，推动香港、澳门与内地开展更加广泛、深入的交流合作，齐心协力建设中华民族共同家园。

为加强内地和香港、澳门的交流合作，深化粤港澳合作，促进区域经济发展，2003 年，中央政府先后与香港、澳门特别行政区政府签署《内地与香港关于建立更紧密经贸关系的安排》《内地与澳门关于建立更紧密经贸关系的安排》后，又签署多个补充协议。这一系列协议的实施，提高了内地与香港、澳门经济交流合作的水平，对香港、澳门经济发展起到积极的促进作用，同时也推动了内地的经济建设和改革开放。为了加快珠港澳三地经济融合，2008 年年底，国务院批准实施《珠江三角洲地区改革发展规划纲要（2008—2020 年）》，把与香港、澳门紧密合作的相关内容纳入规划。2010 年 4 月，广东省与香港特别行政区签署粤港合作框架协议，这是全国第一份省和特别行政区之间的合作协议，首次明确提出建设粤港两地以香港为龙头的金融合作区域。

2011 年 3 月，广东省又与澳门特别行政区签署粤澳合作框架协议。这两份协议对于广东与香港、澳门的合作发展有重要意义。香港、澳门融入国家发展大局，是"一国两制"的题中应有之义，打造粤港澳大湾区，建设世界级城市群，有利于丰富"一国两制"实践内涵，进一步密切内地与香港、澳门的交流合作，为香港、澳门经济社会发展以及香港、澳门同胞到内地发展提供更多机会，保持香港、澳门长期繁荣稳定。2017 年 7 月，《深化粤港澳合作　推进大湾区建设框架协议》签署，标志着粤港澳大湾区建设正式启动。2019 年 2 月，《粤港澳大湾区发展规划纲要》正式发布，对粤港澳大湾区的战略定位、发展目标、空间布局等作了全面规划，标志着粤港澳大湾区建设进入全面实施阶段。此后，粤港澳三地不断凝聚各方力量，共同推动大湾区建设，在以基础设施建设为内涵的"硬联通"和以规则机制对接为内涵的"软联通"两大领域不断取得新突破、新进展。如今，《横琴粤澳深度合作区建设总体方案》《全面深化前海深港现代服务业合作区改革开放方案》相继公布并加快落实，港珠澳大桥等重大基础设施项目陆续建成，广州粤港澳（国际）青年创新工场等创新创业平台落地生根，粤港澳大湾区国际科技创新中心和大湾区综合性国家科学中心建设稳步推进……聚焦关键问题、强化政策支持，粤港澳大湾区建设迈上新台阶，呈现出前所未有的勃勃生机。

在继续推进"一国两制"事业的新征程上，既要坚持全面准确地理解和贯彻"一国两制"方针政策，确保"一国两制"实践沿着正确的轨道前进，又要积极有效应对香港、澳门在发展中面临的困难和挑战。同时，还要始终警惕外部势力利用香港、澳门干预中国内政的图谋，防范和遏制极少数人勾结外部势力干扰破坏"一国两制"在香港、澳门的实施。

香港、澳门繁荣发展，显示了"一国两制"方针的巨大生命力。中央政府对香港、澳门实行的各项方针政策，根本宗旨是维护国家主权、安全、发展利益，保持香港、澳门长期繁荣稳定，这也正是“一国两制”方针的核心要求和基本目标。全面准确贯彻“一国两制”、“港人治港”、“澳人治澳”、高度自治的方针，把坚持“一国”原则和尊重“两制”差异、维护中央权力和保障特别行政区高度自治权、发挥祖国内地坚强后盾作用同提高港澳自身竞争力有机结合起来，香港、澳门的明天就会更加美好。

祖国完全统一进程不可阻挡

在香港、澳门回归过程中，党中央稳步推进海峡两岸关系的发展。自1987年10月台湾当局有限制地开放探亲后，两岸人员往来和经济文化交流迅速展开。

一、"九二共识"与推动祖国和平统一的8项主张

1990年12月，党中央召开全国对台工作会议，重申国共两党应尽早接触谈判，尽快实现两岸双向、直接"三通"（即通航、通邮、通商）。1991年年底，祖国大陆成立海峡两岸关系协会（以下简称"海协会"），以促进两岸关系的实质性进展。1992年3月，海协会与台湾海峡交流基金会（以下简称"台湾海基会"）开始进行事务性商谈，于11月在一个中国原则基础上达成"海峡两岸同属一个中国，共同努力谋求国家统一"的"九二共识"。在此基础上，海协会会长汪道涵、台湾海基会董事长辜振甫于1993年4月在新加坡成功举行"汪辜会谈"，签署《汪辜会谈共同协议》《两岸公证书使用查证协议》《两岸挂号函件查询、补偿事宜协议》《两会联系与会谈制度协议》4项协议，建立了两岸制度化协商机制，标志着海峡两岸关系发展迈出了重要一步。

1994年3月5日，八届全国人大常委会六次会议通过《中华人民共和国台湾同胞投资保护法》，将保护台商投资纳入法制化轨道，进一步促进了两岸经济关系的发展。同年4月，党中央、国务院专门召开对台经济工作会议，要

求各地区各部门高度重视对台经济工作，采取切实措施保护台商在祖国大陆的合法权益，改善台商在祖国大陆的投资环境，为台商投资创造更为有利和方便的条件。

为进一步促进两岸关系的发展，党中央科学分析台湾局势和两岸交流发展趋势，深入思考“和平统一、一国两制”在新形势下的运用和发展。1995年1月，江泽民发表题为《为促进祖国统一大业的完成而继续奋斗》的重要讲话，提出现阶段发展两岸关系、推动祖国和平统一进程的8项主张：（1）坚持一个中国的原则，是实现和平统一的基础和前提。中国的主权和领土决不容许分割。（2）对于台湾同外国发展民间性经济文化关系，我们不持异议。但是，我们反对台湾以搞“两个中国”“一中一台”为目的的所谓“扩大国际生存空间”的活动。（3）进行海峡两岸和平统一谈判，是我们的一贯主张。在和平统一谈判的过程中，可以吸收两岸各党派、团体有代表性的人士参加。（4）努力实现和平统一，中国人不打中国人。我们不承诺放弃使用武力，决不是针对台湾同胞，而是针对外国势力干涉中国统一和搞“台湾独立”的图谋的。（5）大力发展两岸经济交流与合作，以利于两岸经济共同繁荣，造福整个中华民族。（6）两岸同胞要共同继承和发扬中华文化的优秀传统。（7）充分尊重台湾同胞的生活方式和当家作主的愿望，保护台湾同胞一切正当权益。（8）我们欢迎台湾当局的领导人以适当身份前来访问；我们也愿意接受台湾方面的邀请，前往台湾。中国人的事我们自己办，不需要借助任何国际场合。

江泽民关于推动祖国和平统一的8项主张公布后，引起海内外高度关注和积极反响。但是，台湾地区领导人李登辉逐步巩固其地位，开始背弃一个中国原则，并采取了一系列分裂步骤，破坏两岸关系发展。1995年6月，李登辉以所谓“私人”名义访美，在康奈尔大学发表演讲，公开鼓吹“中华民国在台湾”“在台湾的中华民国”，声称要打破“外交”上的孤立，将台湾当局在国际上制造“两个中国”的分裂活动推到高潮。1999 年 7 月，李登辉在接受“德国之声”记者采访时，又抛出所谓“两国论”，声称两岸关系是“国家与国家，至少是特殊的国与国的关系”。2000 年 3 月，台湾民进党领导人陈水扁赢得选举后作出“四不一没有”[①]的承诺，但拒不接受一个中国原则，不久又否认存在“九二共识”。2002 年 8 月，陈水扁公然声称“台湾跟对岸中国一边一国”，鼓吹要用“公民投票”方式决定“台湾的前途、命运和现状”。

针对岛内“台独”分裂活动，中央政府果断采取措施，从政治、军事、外交、舆论等方面开展反分裂反“台独”斗争。1995 年下半年至 1996 年 3 月，人民解放军在台湾海峡和台湾附近海域进行了 4 次大规模军事演习。大陆改革开放和现代化建设的发展，进一步推动了两岸人员往来以及经济、文化、体育等各领域的交流，进一步增强了中国的国际地位，进一步营造了遏制“台独”分裂图谋和推进两岸交流的宏观环境。

二、“两岸和平发展共同愿景”与推动两岸关系和平发展的 6 点主张

进入新世纪，面对海峡两岸关系的新形势，党中央将反对和遏制“台独”摆在对台工作更为突出的位置上。2005 年 3 月 4 日，胡锦涛就发展两岸关系提出 4 点意见，强调坚持一个中国原则决不动摇，争取和平统一的努力决不放弃，贯彻寄希望于台湾人民的方针决不改变，反对“台独”分裂活动决不妥协。这 4 个“决不”的主张，在海峡两岸和国际社会产生重大反响，受到普遍欢迎和高度评价。3 月 14 日，十届全国人大三次会议高票通过《中华人民共

---

① “四不一没有”，即不会宣布“台独”、不会推动“两国论入宪”、不会更改“国号”、不会推动“统独公投”，没有废除“国统纲领”和“国统会”问题。

和国反分裂国家法》(以下简称《反分裂国家法》)，充分体现了党和国家以最大诚意和尽最大努力争取和平统一的一贯立场，表明了维护国家统一与领土完整的坚定决心。

在中共中央正确方针的推动下，经过多方努力，两岸政党交流成功开启。2005年4月26日至5月3日，中国国民党主席连战受邀率团访问大陆。4月29日，胡锦涛会见连战，实现了60年来中国共产党和中国国民党主要领导人之间第一次历史性握手。胡锦涛与连战共同发表“两岸和平发展共同愿景”，国共两党达成一系列共识，包括促进尽速恢复两岸谈判，共谋两岸人民福祉；促进终止敌对状态，达成和平协议；促进两岸经济全面交流，建立两岸经济合作机制；促进协商台湾民众关心的参与国际活动的问题；建立党对党定期沟通平台。这是60年来国共两党主要领导人的首次会谈，对于恢复两党关系具有开创性意义，对于开通中国共产党与台湾其他党派的往来具有引领作用。此后，台湾亲民党主席宋楚瑜、新党主席郁慕明相继率团访问大陆。胡锦涛分别同他们会见、会谈，共同发表公报，达成坚持“九二共识”、反对“台独”、谋求台海和平稳定、促进两岸关系发展等多项共识。

在党际交往取得历史性突破的形势下，大陆方面实施多项对台惠民政策措施，大陆与台湾的经济文化交流和人员往来进一步加强。根据国共两党领导人关于两党建立定期沟通平台的倡议，2006年4月，中国共产党和中国国民党共同举办首届两岸经贸论坛；10月，共同举办两岸农业合作论坛。从2007年开始，此类论坛统一命名为“两岸经贸文化论坛”。通过论坛平台，大陆方面推出多项促进两岸交流合作、惠及台湾同胞的政策措施，促进了两岸关系的发展。

两岸政党的广泛交流与合作，进一步打开了遏制“台独”分裂活动、促进两岸关系发展的新局面。台湾陈水扁当局借推动“宪改”和“入联公投”等谋求“台湾法理独立”的图谋，一次次被挫败。反“台独”斗争在国际上得到广泛理解和支持，许多具有重要影响的国家纷纷重申坚持一个中国的政策。

2008 年 3 月，在台湾地区举行的选举中，顽固坚持“台独”立场的民进党下台，国民党重新上台。面对台湾局势出现的积极变化和两岸关系发展的历史机遇，党中央作出开创两岸关系和平发展新局面的决策部署。两岸双方本着“建立互信、搁置争议、求同存异、共创双赢”的精神，共同致力于两岸关系改善与发展。2008 年 6 月，海协会与台湾海基会在“九二共识”基础上恢复制度化协商。11 月，海协会代表团首次赴台商谈。12 月，两岸海、空直航及直接通邮正式启动，两岸全面直接双向“三通”迈开历史性步伐。

2008 年 12 月 31 日，胡锦涛在纪念《告台湾同胞书》发表 30 周年座谈会上发表讲话，在中央对台工作大政方针基础上，全面系统阐述了两岸关系和平发展重要思想，提出推动两岸关系和平发展的 6 点意见：第一，恪守一个中国，增进政治互信；第二，推进经济合作，促进共同发展；第三，弘扬中华文化，加强精神纽带；第四，加强人员往来，扩大各界交流；第五，维护国家主权，协商涉外事务；第六，结束敌对状态，达成和平协议。这 6 点意见，揭示了祖国和平统一与两岸关系和平发展之间的内在联系和辩证统一关系，指明了推动两岸关系和平发展是实现和平统一的必由之路，对进一步推动两岸关系发展具有重要的指导意义。

从 2009 年开始，大陆每年举办一届海峡论坛，吸引两岸基层民众和各界人士广泛参与两岸交流合作。2010 年 6 月，《海峡两岸经济合作框架协议》的签署，推进了两岸经济合作机制化、制度化进程，标志着构建两岸关系和平发展框架率先在经济领域取得突破，两岸经济合作进入新的阶段。2011 年 1 月，两岸经济合作委员会成立并开始运作。2011 年 6 月，大陆居民赴台个人旅游计划的正式启动，进一步增进了两岸民众的相互了解和感情融合。在两岸经贸关系逐渐迈入正常化的基础上，两岸在学术、文化、教育、新闻、体育、宗教等方面的交流交往不断深化。

中国政府还妥善处理了台湾参加世界卫生大会、亚太经合组织领导人非正式会议等涉台外交问题，减少了两岸在涉外事务领域的摩擦；关心台湾同胞在海外的经济、民生、安全问题，在协助处理台胞涉外纠纷等事务中切实维护台胞的合法权益，照顾台胞福祉。这一系列举措，既获得了台湾岛内民众的欢迎和赞誉，又巩固了国际社会一个中国的格局，为两岸关系的和平发展增添了积极因素。

三、“两岸一家亲”与新时代中国共产党解决台湾问题的总体方略

党的十八大以来，以习近平同志为核心的党中央全面把握两岸关系时代变化，丰富和发展国家统一理论和对台方针政策，推动两岸关系朝着正确方向发展，形成新时代中国共产党解决台湾问题的总体方略，提供了新时代做好对台工作的根本遵循和行动纲领。

（一）“两岸一家亲”理念的提出与实践

2013 年 2 月，习近平总书记在会见中国国民党荣誉主席连战及随访的台湾各界人士时强调，继续推动两岸关系和平发展、促进两岸和平统一，是新一届中共中央领导集体的责任。习近平总书记指出，两岸同胞同属中华民族，这种天然的血缘纽带任何力量都切割不断；两岸同属一个中国，这一基本事实任何力量都无法改变；两岸交流合作得天独厚，这种双向利益需求任何力量都压制不住；全体中华儿女有决心通过自己的不懈奋斗自立于世界民族之林，这种全民族共同愿望任何力量都阻挡不了。6 月，习近平总书记在会见吴伯雄

率领的中国国民党访问团全体成员时强调，应该以实现民族振兴、人民幸福为己任，促进两岸同胞团结合作，积极宣导“两岸一家人”的理念，汇集两岸中国人智慧和力量，在共同实现中华民族伟大复兴的进程中抚平历史创伤，谱写中华民族繁荣昌盛的崭新篇章。同月，以“聚焦亲情、共圆梦想”为主题的第五届海峡论坛在福建举办。“两岸一家人，共圆中国梦”成为两岸关系和平发展的主题。

2013 年 10 月，习近平总书记在会见台湾两岸共同市场基金会荣誉董事长萧万长时强调，着眼长远，两岸长期存在的政治分歧问题终归要逐步解决，总不能将这些问题一代一代传下去；我们已经多次表示，愿意在一个中国框架内就两岸政治问题同台湾方面进行平等协商，作出合情合理安排。对两岸关系中需要处理的事务，双方主管部门负责人也可以见面交换意见。2014 年 2 月，经两岸双方协商，国务院台湾事务办公室与台湾方面大陆委员会在坚持“九二共识”共同政治基础上建立起常态化联系沟通机制。此后，两部门负责人多次互访，及时就两岸关系形势和推进两岸各领域交流合作政策措施交换意见，特别是为两岸领导人会面进行沟通和准备，妥善处理了两岸关系中的一些复杂敏感问题，如商定两岸领导人会晤使用的身份和名义等，为维护两岸关系和平发展和推进两岸各领域交流合作发挥了积极作用。

这一时期，经两岸主管部门授权，海协会和台湾海基会继续进行商谈，签署《海峡两岸服务贸易协议》《海峡两岸气象合作协议》《海峡两岸地震监测合作协议》《海峡两岸避免双重课税及加强税务合作协议》《海峡两岸民航飞行安全与适航合作协议》等多项协议，为推动两岸关系和平发展和增进两岸同胞利益福祉发挥了重要作用。国共两党用好党际定期交流沟通的平台，努力扩大两岸经济文化交流合作，继续举办两岸经贸文化论坛，形成“积极推进两岸经济合作框架协议后续协议商谈和落实”“更积极地为两岸中小企业合作搭建平台”等多项共同建议，并大多转化为具体政策措施，给两岸同胞带来了实实在在的好处。

由于历史和现实原因，两岸关系存在的很多问题一时不易解决。习近平总书记多次会见台湾有关人士，强调只要两岸双方都从“两岸一家亲”的理念出发，将心比心，以诚相待，就没有什么心结不能化解，没有什么困难不能克服。2014年9月，习近平总书记在会见台湾和平统一团体联合参访团时指出：“我们所追求的国家统一不仅是形式上的统一，更重要的是两岸同胞的心灵契合。我们理解台湾同胞因特殊历史遭遇和不同社会环境而形成的心态，尊重台湾同胞自己选择的社会制度和生活方式，愿意用真诚、善意、亲情拉近两岸同胞的心理距离。”追求心灵契合的国家统一，突出强调了拉近两岸同胞心理距离，增进共同的国家、民族、文化认同的重要性，为两岸进一步交流合作指明了方向。大陆秉持“两岸一家亲”和两岸命运共同体理念，持续办好海峡论坛、两岸企业家峰会、海峡青年节、双城论坛、中山论坛等主题广泛的互动合作、汇聚民意的平台，促进两岸教育交流合作取得新进展，文化交流合作形式更加丰富，两岸工会、青年、妇女、体育、卫生、宗教、宗亲和民间信仰等各领域、各界别交流持续热络，基层民众交流更加热络。2015年6月，国务院修改《中国公民往来台湾地区管理办法》，对台湾居民往来大陆免签注手续，随后实行卡式台胞证。为增进两岸民众的历史认同、文化认同和民族认同，大陆就河洛文化、黄埔精神、书画艺术、宗教文化、中华传统道德伦理等方面，加强与台湾岛内有关团体、代表人士和基层群众的交流。一系列交流活动，增强了两岸同胞中华文化情感纽带，夯实了两岸合作的民意基础。

（二）两岸领导人实现历史性会晤

随着两岸政治互信水平提升和两岸关系和平发展的不断深入，两岸领导人实现历史性会晤，使两岸政治互动达到新高度。2015年11月7日，习近平总书记同台湾地区领导人马英九在新加坡会晤，就进一步推进两岸关系和平发展交换意见。习近平总书记强调，两岸中国人完全有能力、有智慧解决好自己的问题，并共同为世界与地区和平稳定、发展繁荣作出更大贡献。站在两岸关系发展的新起点上，双方应该胸怀民族整体利益、紧跟时代前进步伐，携手巩固两岸关系和平发展大格局，共同实现中华民族伟大复兴。习近平总书记提出 4 点意见，即坚持两岸共同政治基础不动摇、坚持巩固深化两岸关系和平发展、坚持为两岸同胞多谋福祉、坚持同心实现中华民族伟大复兴。双方认为应该继续坚持“九二共识”，巩固共同政治基础，推动两岸关系和平发展，维护台海和平稳定，加强沟通对话，扩大两岸交流，深化彼此合作，实现互利共赢，造福两岸民众。两岸同胞同属中华民族，都是炎黄子孙，应该携手合作，致力于振兴中华，致力于民族复兴。这是 1949 年以来两岸领导人的首次会晤，开创了两岸领导人直接对话沟通的先河，为两岸关系未来发展开辟了新的空间。

（三）坚决反对和遏制“台独”

“台独”分裂是祖国统一的最大障碍，是民族复兴的严重隐患。党的十八大以来，大陆方面在坚定推动两岸关系和平发展的同时，持续揭批台湾当局和“台独”势力破坏两岸关系政治基础和现状的行径，坚决挫败台湾当局谋求扩大“国际空间”的分裂图谋，不断加大反对和遏制“台独”力度，坚决反对外部势力干涉，保持台海局势总体稳定。

2014 年开始，台海形势发生了一些变化。同年 3 月，台湾岛内发生反服贸事件，其实质上是“台独”及外部势力在背后煽动、支持的一次“反中”事件，是蓄意阻挠两岸关系发展的有预谋、有组织的行动，一批支持“台独”的社运、学运分子走上政治舞台，成为极端“台独”势力的新代表，两岸关系和平发展进程和节奏受到了相当程度的影响。2016 年 5 月，主张“台独”的民进党再度上台，且在台湾“立法院”取得过半优势，首次取得在台湾“全面执政”的机会。蔡英文当局拒不承认体现一个中国原则的“九二共识”，单方面破坏两岸关系和平发展的政治基础，导致两岸关系陷入政治僵局，纵容支持各种形式的“去中国化”“渐进台独”分裂活动，企图削弱、切割台湾同大陆的政治、经济和历史文化联系，煽动两岸民意对立，阻挠破坏两岸各领域交流合作，并企图挟洋自重，对两岸关系和平发展构成了严峻挑战。

党中央高度警惕形形色色的“台独”活动，坚决反对“法理台独”分裂行径，坚决遏制“渐进台独”侵蚀和平统一的基础，绝不为各种形式的“台独”分裂活动留下任何空间。在台湾政局生变前后，习近平总书记多次发表讲话，强调“台独”煽动两岸同胞敌意和对立，损害国家主权和领土完整，破坏台海和平稳定，阻挠两岸关系发展，只会给两岸同胞带来深重祸害，对此，两岸同胞要团结一致、坚决反对；我们将坚决遏制任何形式的“台独”分裂行径，维护国家主权和领土完整，绝不让国家分裂的历史悲剧重演。这向台湾当局和“台独”势力表明鲜明态度，划出清晰底线，形成强大震慑。

针对民进党上台后拒不接受“九二共识”、单方面破坏两岸关系和平发展政治基础的行径，大陆方面坚定维护一个中国原则，果断采取一系列措施，坚决停摆以“九二共识”为政治基础的国务院台办与台湾方面陆委会联系沟通机制、海协会与台湾海基会协商谈判机制；积极开展舆论斗争，揭批台湾当局和“台独”势力破坏两岸关系政治基础和现状的行径；开展解放军舰机“绕岛巡航”行动等，充分展现了坚决反对和遏制“台独”的决心、意志和能力。在这些政策措施的影响下，台湾同胞深切感受到台湾政局变化对两岸关系和其切身利益带来的伤害，强烈要求民进党当局调整两岸政策，回到“九二共识”政治基础上来。台湾社会民意出现积极变化，反对“台独”、支持两岸关系和平发展的声势不断壮大，岛内民众对大陆认同感、好感度增加，特别是青年人来大陆发展的意愿大幅提高。

（四）新时代推动两岸关系和平发展、推进祖国和平统一进程的 5 项主张的提出

2017 年 10 月，党的十九大确立了坚持“一国两制”和推进祖国统一的基本方略，强调：“我们绝不允许任何人、任何组织、任何政党、在任何时候、以任何形式、把任何一块中国领土从中国分裂出去。”2019 年 1 月，习近平总书记在《告台湾同胞书》发表 40 周年纪念会上发表重要讲话，郑重提出了新时代推动两岸关系和平发展、推进祖国和平统一进程的重大政策主张：携手推动民族复兴，实现和平统一目标；探索“两制”台湾方案，丰富和平统一实践；坚持一个中国原则，维护和平统一前景；深化两岸融合发展，夯实和平统一基础；实现同胞心灵契合，增进和平统一认同。讲话昭示了两岸关系发展的历史大势，回答了在民族复兴新征程中如何推进祖国和平统一的时代命题，为新时代对台工作提供了根本遵循和行动指南。

（五）坚决打击“台独”分裂势力和外部势力勾连打“台湾牌”

新冠肺炎疫情暴发后，“台独”分裂势力更是制造谎言、“以疫谋独”，推动和鼓噪所谓“修法”“立法”“释宪”“宪改”等，妄图推进“渐进台独”，寻机谋求“法理台独”，台海形势持续趋于复杂严峻，对台工作面临诸多风险挑战。为了坚决反对“台独”分裂，坚定推进祖国大陆与台湾的和平统一进程，2020 年 5 月 29 日，《反分裂国家法》实施 15 周年座谈会在北京举行。会议强调，如果“台独”分裂势力一意孤行甚至铤而走险，将按照《反分裂国家法》有关规定，采取一切必要手段，坚决粉碎“台独”分裂图谋，坚决捍卫国家主权和领土完整。

台湾问题是中国的内政，但一直受到外部势力的干扰。2020 年 8 月，针对个别大国在涉台问题上的消极动向及向“台独”势力发出的严重错误信号，中国人民解放军东部战区多军种多方向成体系出动兵力，在台湾海峡及南北两

端连续组织实战化演练。2022 年 8 月，美国国会众议长佩洛西不顾中方严正警告，执意窜访中国台湾地区，严重侵犯中国主权安全，严重损害中国领土完整，严重危害台海和平稳定，严重冲击中美关系政治基础，中方被迫采取反制措施。8 月 2 日晚开始，中国人民解放军东部战区陆续在台岛周边开展一系列联合军事行动，在台岛北部、西南、东南海空域进行联合海空演训，并准备在台湾海峡进行远程火力实弹射击，在台岛东部海域组织常导火力试射。8 月 4 日 12 时至 7 日 12 时，解放军重要军事演训行动进行，正式开始组织实弹射击与常导火力试射。8 月 5 日，外交部发言人宣布中方对美国国会众议长佩洛西实施制裁。这一系列的行动，是对“台独”势力和外部势力的严正警告。中国政府坚决反对外部势力打“台湾牌”，在台海兴风作浪；坚决与有关国家的涉台消极动向进行坚决斗争，使越来越多国家和人民理解并支持中国维护国家统一的事业。在实践斗争中，党和国家始终坚持一个中国原则和“九二共识”，坚决反对“台独”分裂行径，坚决反对外部势力干涉，牢牢把握了两岸关系主导权和主动权。

中国在联合国及其专门机构等主要政府间国际组织的话语权持续增强，国际影响力、感召力、塑造力进一步提高，一个中国格局在国际社会持续稳固。民进党当局拒不承认体现一个中国原则的“九二共识”，使得台湾方面参与相关国际组织活动接连碰壁，这充分证明企图回避一个中国原则、绕开两岸协商来拓展“国际空间”，是没有出路的。这为我国处理涉台问题、推动两岸关系发展、实现祖国完全统一营造了有利外部环境。

（六）坚持贯彻新时代党解决台湾问题的总体方略

2022 年 10 月，党的二十大提出坚持贯彻新时代党解决台湾问题的总体方略，牢牢把握两岸关系主导权和主动权，坚定不移推进祖国统一大业。大会提出，“和平统一、一国两制”方针是实现两岸统一的最佳方式，对两岸同胞和中华民族最有利。我们坚持一个中国原则和“九二共识”，在此基础上，推进同台湾各党派、各界别、各阶层人士就两岸关系和国家统一开展广泛深入协商，共同推动两岸关系和平发展、推进祖国和平统一进程。我们坚持团结广大台湾同胞，坚定支持岛内爱国统一力量，共同把握历史大势，坚守民族大义，坚定反“独”促统。

台湾是中国的台湾。解决台湾问题是中国人自己的事，要由中国人来决定。我们坚持以最大诚意、尽最大努力争取和平统一的前景，但决不承诺放弃使用武力，保留采取一切必要措施的选项，这针对的是外部势力干涉和极少数“台独”分裂分子及其分裂活动，绝非针对广大台湾同胞。祖国大陆的发展进步是决定两岸关系未来走向的关键因素。随着国家综合实力和国际影响力持续提升，两岸实力对比的战略优势将持续扩大，国际社会一个中国格局将更加巩固。在新时代新征程上，中国共产党和中国政府将继续团结带领两岸同胞顺应历史大势，勇担时代责任，把前途命运牢牢掌握在自己手中，为实现祖国完全统一和中华民族伟大复兴而努力奋斗。

按照“一国两制”实现两岸和平统一，将给中国发展进步和中华民族伟大复兴奠定新的基础，将给台湾经济社会发展创造巨大机遇，将给广大台湾同胞带来实实在在的好处。首先，统一后台湾发展空间将更为广阔，台湾同胞切身利益将得到充分保障，两岸同胞共享民族复兴的伟大荣光。其次，统一后两岸同胞可以弥合因长期没有统一而造成的隔阂，增进一家人的同胞亲情，更加紧密地团结起来；可以发挥各自优势，实现互利互补，携手共谋发展；可以共同促进中华民族的繁荣昌盛，让中华民族以更加昂扬的姿态屹立于世界民族之林。最后，统一后中国的国际影响力、感召力、塑造力将进一步增强，中华民族的自尊心、自信心、自豪感将进一步提升。两岸同胞共同探索实施“两制”台湾方案，共同发展完善“一国两制”制度体系，确保台湾长治久安。台湾同胞将同大陆同胞一道，共享一个伟大国家的尊严和荣耀，以做堂堂正正的中国人而骄傲和自豪。

国家统一、民族复兴的历史车轮滚滚向前，祖国完全统一一定要实现，也一定能够实现。

参考文献

1. 习近平：《高举中国特色社会主义伟大旗帜为全面建设社会主义现代化国家而团结奋斗：在中国共产党第二十次全国代表大会上的报告》，人民出版社 2022 年版。

2.《党的二十大报告辅导读本》，人民出版社 2022 年版。

3. 中华人民共和国国务院新闻办公室：《“一国两制”在香港特别行政区的实践》，人民出版社 2014 年版。

4. 中华人民共和国国务院新闻办公室：《“一国两制”下香港的民主发展》，人民出版社 2021 年版。

5. 中华人民共和国国务院台湾事务办公室、中华人民共和国国务院新闻办公室：《台湾问题与新时代中国统一事业》，人民出版社 2022 年版。

6.《中国共产党简史》，人民出版社 2021 年版。

7.《中共中央关于党的百年奋斗重大成就和历史经验的决议》，人民出版社 2021 年版。

思考题

1. 如何理解“一国两制”是中国特色社会主义的伟大创举？

2. “一国两制”的科学内涵是什么？如何全面准确把握“一国”和“两制”的关系？

3. 如何理解党在新时代解决台湾问题的总体方略？

4. 为什么说祖国完全统一进程不可阻挡？

专题七

充分认识国际格局新变化新动向新趋势

知识要点

当今世界，国际力量对比和全球格局正在经历深刻演变，世界多极化、经济全球化、国际关系民主化潮流势不可挡。同时，单边主义、保护主义、霸权主义依然横行，俄乌冲突不断升级发酵，世界进入新一轮的动荡变革期。习近平总书记指出：世界那么大，问题那么多，国际社会期待听到中国声音、看到中国方案，中国不能缺席。作为有着5000多年文明积淀的大国，作为联合国安理会常任理事国，我们有必要通过开展具有自身特色的大国外交，履行承担的国际责任与义务，同各国一道走出一条和平发展、合作共赢的新路，弘扬全人类共同价值观，携手构建人类命运共同体。

世界政治经济进入新一轮动荡变革期

当前，世界百年未有之大变局和世纪疫情交织叠加，人们从来没有像今天这样深切地感受到世界变化前所未有的震撼力，国际秩序和格局进入深度调整时期。概括起来说，这种大变局，就是国际格局和国际体系正在发生深刻调整，全球治理体系正在发生深刻变革，国际力量对比正在发生近代以来最具革命性的变化。

一、国际力量对比的深刻变化

世界百年未有之大变局中，最关键的变量是世界主要国家间的力量对比，而经济实力是衡量国家力量最综合、最常用的指标之一。从当前形势来看，世界政治经济格局正在两个方面加以演进。

一个方面，发展中国家群体性崛起。随着殖民体系瓦解，广大亚非拉国家摆脱了殖民地和半殖民地的被掠夺奴役状态，实现了政治、经济独立和国家自主发展。但是，在相当长一个时期里，发展中国家经济弱势的地位没有根本改变。而西方国家则依托其先进的经济、科技和军事实力，在全球政治治理中占据优势，拥有绝对的话语权。进入21世纪后，这种情形开始发生变化。以中国、俄罗斯、印度、巴西、南非等为代表的发展中大国，经济与社会发展取得了巨大成就，而且具备强劲的发展前景，在全球治理中发挥了越来越大的作用。同时，广大发展中国家占世界总人口约85%，资源丰富，市场广阔，发展潜力巨大。2022 年 1 月，国际货币基金组织估计，2021 年新兴市场和发展中经济体经济增长 6.5%，发达经济体经济增长 5.0%，前者高于后者 1.5 个百分点；2022 年新兴市场和发展中经济体经济增长 4.8%，发达经济体经济增长 3.9%，前者高于后者 0.9 个百分点。尽管两者速差在 2022 年有所收窄，但并未扭转两者此消彼长的趋势。伴随新兴经济体和发展中大国地位上升，与“发达国家俱乐部”G7（七国集团）相比，G20（二十国集团）在全球经济治理中的作用日渐突出。

另一个方面，世界呈现多极化新态势。1991 年冷战结束后，两极格局解体，世界形成“一超多强”格局。其中，中国、俄罗斯、欧盟、印度等已成为重要的多极力量，美国的单极梦想越来越遥远。在多极力量中，中国、印度等发展中大国地位不断上升，作为西方重要力量的欧洲和日本地位则呈现下降趋势。自 2010 年跃升为全球第二大经济体，中国的经济总量已从 40 年前占全球经济总量的 1.8% 上升到 2022 年的 18% 左右，对世界经济增长的贡献率更达到 30% 以上。日益走近世界舞台中央的中国，已成为推动多极化趋势的中坚。随着经济格局的变化，世界政治格局也正在发生深刻演化，大国博弈和战略竞争日趋剧烈，尤其是美国把中国和俄罗斯明确为战略竞争对手，原有以大国协调为重要支撑的国际政治秩序面临挑战。

随着国际力量的这些深刻调整，全球治理开始从西方主导向全球共同治理转变。中国作为发展中的大国，也是多极力量中成长最快的国家，既面临着国际力量调整所带来的风险挑战，又面临着难得的历史机遇。

二、世界经济重心加速转移

回首过去一百多年的历史，世界经济重心很长一段时间在北大西洋两岸，西欧诸国和北美成为全球经济的重要支柱。日本崛起始于20世纪60年代的经济起飞，虽使世界经济版图中东亚的比重有所增加，但北大西洋的经济重心地位依旧牢不可破。

进入21世纪以来，随着以中国为代表的发展中大国的整体性崛起，加上2008年国际金融危机对欧美的重创，世界经济重心开始由西向东。据2018年东亚合作领导人系列会议的数据，2017年东盟加中日韩（10+3）经济总量达21.9万亿美元，占世界的27%，分别超过了美国和欧盟，在世界经济中举足轻重。时至今日，东盟加中日韩（10+3）经济总量在世界上的比重保持持续上升态势。

事实上，当今世界的消费重心、制造业重心、贸易重心都在亚洲地区，尤其集中在亚太地区。2021年，中国经济在世界GDP中的占比已经达到了18.5%。根据世界银行发布的最新报告，2013—2021年，中国对世界经济增长的平均贡献率高达38.6%，已经超过了G7总和。中国正在世界经济中扮演越来越重要的角色，全球货物贸易第一大国的地位更加稳固，中国货物贸易在全球的占比，从2012年的10.4%提升到2021年的13.5%。中日韩东亚三国的GDP总量大约占全球GDP的20%以上，同为全球重要经济体，是东亚合作的重要组成部分，在世界经济版图和国际经济合作中占据着重要地位。

亚洲拥有全球最大的消费市场，拥有最大的消费群体，仅中国和印度两国人口数量相加，消费人口就达到了28亿，再加上日本、韩国等其他亚洲国家，亚洲地区的消费人口占全球的60%以上。相比之下，欧元区总共只有3亿多人，美国人口也只有3亿人，加拿大更是仅有几千万人。更值得一提的是，亚洲已经形成了以中国为中心的全球制造业基地，2021年，中国制造业增加值在全球占比达到近30%，持续保持世界第一制造大国的地位。日本和韩国也是制造业强国。近些年来，随着全球制造业向印度、越南等东南亚国家的转移，这些国家的制造业也正在崛起，承接产业转移的能力在不断增强。因此，在全球制造业体系中，产业布局最集中的地区就在亚太。

伴随着世界经济重心向亚太转移，亚洲经济一体化的步伐正在加快。

2020 年 11 月，全球规模最大的自贸协定，《区域全面经济伙伴关系协定》（RCEP）签订。RCEP 之所以被视为全球规模最大的自贸协定，是因为其覆盖 22 亿人口，约占世界总人口的 30%，15 个成员国 2019 年 GDP 规模大约 25.6 万亿美元，占全球经济总量的 29.3%，区域内贸易额 10.4 万亿美元，占全球贸易总额的 27.4%。RCEP 的签订使得中国在全球产业链、供应链中的优势地位更加巩固，中国与东盟将形成扩大版的“世界工厂”，也就是“中国 + 东盟世界工厂”，产业链、供应链集聚效应将进一步放大。而在此情况下，试图将产业链、供应链与中国脱钩的想法，将越来越失去实际价值和可操作性。亚洲经济一体化推进，反过来为承接世界经济重心地位创造了更好的条件。

三、新一轮科技革命与产业变革正重塑世界

自英国工业革命以来，举凡世界强国，都是能将科技优势转化为产业和军事优势的国家。而以往的几次科技革命和产业变革，均由大西洋两岸国家唱主角，比如英国、美国，由此塑造了以英美等西方国家为主导的世界格局。

进入 21 世纪，新一轮科技革命和产业变革已现端倪，尽管美国科技创新能力依然强大，但中国等新兴国家亦在奋起追赶，努力向科技产业变革的第一方阵进发。比如在人工智能、生物科技、数字货币、航空航天领域等，中国涌现出一批领先科研成果和全球主导企业。同样，作为另外一个发展中大国，印度在软件制造行业、生物技术等方面，也形成很有竞争力的优势产业。俄罗斯则在国防、飞机制造、核产业方面保有传统优势。可以说，新一轮科技革命和

产业变革，已形成百家争鸣、百花齐放的新态势。

当前，正在形成的新一轮科技革命与产业变革，开始对世界政治经济格局产生深刻影响。新兴国家跻身科技革命和产业变革引领之列，不仅有助于提升其综合实力、助推其发展进程，而且会对广大发展中国家产生示范效应。可以预测，广大发展中国家丰富的人力资源一旦插上科技翅膀，必将会释放出巨大能量。在新一轮科技革命中，谁能抢占科技高地，谁就有可能站在产业变革的前沿、占领全球价值链的高地，从而在未来的竞争中赢得先机。

出于上述原因，当今世界科技竞争愈演愈烈。新兴市场和发展中国家力图通过发展科技带动产业升级，实现跨越式发展，发达国家则希望凭借固有优势巩固其领先地位。令人担忧的是，为了将多数发展中国家遏制在产业链低端，一些发达国家科技竞争的手段正无所不用其极。近年来，美国针对中国的科技行业打压是一轮接着一轮，先是中兴，后是华为，现在不直接针对某家企业，而是针对美国技术的实际限制，美国最新的出口管制涉及先进半导体，包括两种材料和一个工具，分别是氧化镓（Ga_2O_3）和金刚石，以及用于开发具有GAAFET结构的集成电路的ECAD软件。此外，美国还对诸如燃气涡轮发动机的增压燃烧（PGC）技术进行技术出口管制，禁止美国与中国科技人员的正常交流合作。从干扰正常的科技交流，到利用非法手段打击竞争对手，再到直接动用国家机器封杀企业与个人，威吓其他国家切断企业之间正常的合作等，竞争越来越超越科技本身，非正当的手段越来越超越底线。

除了国家间科技竞争之外，飞速发展的科技也对人类生存提出了挑战。人工智能、生物基因工程等成果在造福人类的同时，也可能威胁人类伦理和人类长远的生存发展。同核武器相比，人工智能和基因技术研发更难被管控，国际社会建构有效监管体系困难重重。从这一角度而言，科技对人类的挑战也属于百年未有之变。

四、全球治理体系迎来重大变革

过去的百年来，从第一次世界大战后诞生的国际联盟到第二次世界大战后的联合国，在很大程度上承担着全球治理之责的国际组织，并在协调国际事务中发挥了一定的作用。但综观当今世界，全球治理体系中的核心主体仍然是大国，而非这些国际组织。

近年来，随着国际竞争合作的深入，全球性问题不断增多且日趋复杂，特别是在需要更多协调的经济、安全和气候治理领域，现有治理体系已难以适应变化了的格局，甚至陷入困境。具体表现在三个方面：

一是多边机制失灵。近年来，一些发达国家热衷于单边主义、区域主义、集团主义，使现行全球治理体系进一步碎片化、复杂化，加大了国家间的政策协调难度，且发达国家构筑的高标准不可避免地对发展中国家构成“发展壁垒”，也在无形中增加了“俱乐部”外成员参与全球化的制度成本。在新兴议题领域，数字经济成为引领全球经济社会变革的重要引擎，但全球治理体系和规则严重滞后于数字经济发展现实，全球数字经济发展面临治理机制缺位等潜在风险，各国仍未就跨境数据流动、数字贸易、跨境数字平台垄断等关键议题达成有效的全球治理机制。

二是全球公共物品供给赤字。作为具有跨国外部性、公益性和非排他性的设施、资源、规则或制度的全球公共物品，其充分供给是全球治理的核心职能之一。在原则上和道义上，参与全球化和全球治理的多元行为体都有提供全球公共物品的责任，尤其是大国负有更大且不可推卸的责任。但自 2008 年金融危机以来，全球经济增长陷入停滞，新冠疫情的出现让世界经济陷入 20 世纪 30 年代以来最严重的衰退期，俄乌冲突又将世界经济拖入二次衰退乃至滞胀的边缘。但以美国为首的西方国家提供全球公共物品的意愿和能力大幅下降，全球公共物品供给出现严重赤字危机。

三是全球性风险挑战加剧。新冠肺炎疫情是一次罕见的全球性危机，其连续袭击了世界上几乎所有的国家和地区，但疫情没有让全人类团结起来以共渡难关。传统安全问题成为国家首要考量因素，全球能源危机、粮食危机和通胀问题进一步加剧。西方国家共同遏压新兴国家的霸权主义和单边行动重构了地缘政治，加剧了全球阵营对抗的局势，全球治理体系再度遭遇冷战时期的分离风险。

除治理中"能力不足""意愿缺失"外，在既有体系中拥有较大话语权的个别国家以退为进，意图按自己的意愿重新洗牌，不顾发展现实蛮横主导新体系新规则的做法，这一两年来更是屡屡发生。比如在经济领域，美国频频挑起贸易争端，大搞贸易保护主义，逆经济全球化潮流，不惜拉低全球经济增长；在安全领域，美国单方面退出伊核协议，启动退出《中导条约》，令全球安全形势为之紧绷；在气候治理领域，美国单方面退出《巴黎协定》，使全球气候治理面临新挑战。

由此可见，当前全球治理体系中突出的矛盾是：一方面治理客体越来越复杂，需要各国特别是大国加强合作；另一方面，在全球治理主要机制中居主导地位、掌控着全球治理规则制定权的西方大国，却不愿意承担治理责任，反而强化同其他国家的竞争，阻碍其他国家参与，恶化了推进全球治理的政治环境。因此，推动全球治理体系变革，塑造更加公正、合理的国际新秩序成为国际社会共识。

五、俄乌冲突加剧了世界格局的演化

2021 年年底，乌克兰东部地区紧张局势升级。乌克兰政府与乌东部民间武装之间的冲突加剧，俄罗斯分别与美国和北约就安全保障问题展开的对话破裂。以美国为首的西方国家加大对乌克兰的军事援助，俄罗斯则举行系列军事演习进行回应。

俄总统普京曾多次表示，北约持续东扩不可接受，但西方始终未能有效回应俄罗斯画出的“红线”。2021 年 12 月，俄罗斯就安全保障问题要求美国和北约作出书面保证，此后俄围绕安全问题与美国、北约以及欧洲安全与合作组织展开密集对话，但并未取得实质性成果。

2022 年 2 月 21 日，俄罗斯总统普京签署命令，承认乌东部“顿涅茨克人民共和国”和“卢甘斯克人民共和国”。

2 月 24 日，普京发表电视讲话，决定在顿巴斯地区发起对乌克兰的特别军事行动。乌克兰总统泽连斯基宣布，乌克兰已与俄罗斯断交，乌克兰全境进入战时状态。美国总统拜登宣布新一轮对俄经济制裁措施，并向欧洲增加军事部署。俄乌冲突正式爆发。

以美国为首的北约持续东扩是俄乌冲突爆发的根源。苏联解体后，美国以“冷战胜利者”自居，长期通过北约东扩挤压俄国发展空间。作为冷战产物，北约并没有跟随冷战一起进入历史，反而在美国主导下日益变成一个搞阵营对抗的军事集团。近年来，北约还试图拉拢乌克兰加入其中，而这触及了俄罗斯的战略底线。

美国是乌克兰危机真正的始作俑者。时至今日，美国仍试图从这场危机中捞取经济、政治利益，借危机让本国军工复合体赚得盆满钵满的同时，不断妖魔化俄罗斯对欧洲的安全威胁，阻遏欧洲追求战略自主的步伐，从而巩固美式霸权。新华社社评称，一方面，俄乌冲突让美国军工复合体大发战争财。近期美国军工企业股价上涨明显。美国防部前官员富兰克林·斯平尼一针见血地指出，美国军工复合体借这次俄乌冲突渲染对俄罗斯的恐惧，旨在为新一轮军备支出创造契机，军工复合体将因此从俄乌冲突及其他地区冲突中长期牟利。

另一方面，美国借乌克兰危机强化了在安全问题上对欧洲的控制，令欧洲谋求战略自主之路更加艰难。法国《回声报》曾刊文说，乌克兰危机表明，欧洲没有能力独自保卫自己，仍然需要美国的保护伞。

乌克兰危机发生在欧洲境内，论及危机的影响，欧洲国家首当其冲。大量乌克兰人前往其他欧洲国家，如何妥善处理这些人成为欧洲国家的棘手难题。乌克兰危机更是对全球能源和农产品贸易造成严重影响，危及全球经济复苏。整个国际社会不得不为这场美国挑起的冲突买单。

乌克兰危机本是一场可以避免的悲剧，发展到今天这个地步，教训惨痛，值得各方深刻反思。乌克兰危机有着复杂的历史经纬和现实原因，本质是欧洲安全治理矛盾的大爆发。

俄乌冲突爆发后，中国始终根据事情本身的是非曲直，独立自主作出判断。在和平和战争之间，选择和平；在对话和制裁之间，选择对话；在降温和拱火之间，选择降温。中国既不是危机的制造者，又不是危机的当事方，也没有向冲突的任何一方提供武器。一些西方国家向中国甩锅推责，甚至制裁、威胁，中国绝不接受。与此同时，中国还发布了《关于政治解决乌克兰危机的中国立场》文件，提出尊重各国主权、摒弃冷战思维、停火止战、启动和谈等 12 条主张，核心就是劝和促谈。

然而令人遗憾的是，劝和促谈的努力一再遭到破坏，似乎有只“看不见的手”推动冲突延宕升级，试图以乌克兰危机来服务某种地缘政治图谋。

当前，乌克兰危机到了紧要关头，要么停火止战，恢复和平，走上政治解决的轨道，要么火上浇油，扩大危机，拖入失控的深渊。冲突、制裁、施压解决不了问题，需要各方保持冷静、理智、对话，和谈进程应尽快开启，各方合理安全关切都应得到尊重，从而找到实现长治久安之策。

应对复杂国际局势保持战略定力坚定维护世界和平

当前，世界之变、时代之变、历史之变正以前所未有的方式展开。毫无疑问，当今世界，和平、发展、合作、共赢的历史潮流不可阻挡，人心所向、大势所趋决定了人类前途终归光明。然而，美国裹挟一些西方国家以高科技封锁打压为目的的一系列“脱钩断链”措施，使得经济全球化潮流受到进一步严重干扰，进一步助长了“逆全球化”“反全球化”潮流。这一方面给中国的改革开放和经济发展带来新的严峻挑战；另一方面，也给世界经济乃至各国各地区的经济发展造成严重冲击，特别是美国以及若干西方国家以“泛国家安全”作为政治工具，把芯片等高端制造业产品武器化，严重扭曲了全球产业链、供应链，使得世界经济体系面临被割裂的巨大风险。与此同时，以美国为首的一些西方国家恃强凌弱、巧取豪夺、零和博弈等霸权霸道霸凌行径危害深重，和平赤字、发展赤字、安全赤字、治理赤字加重，人类社会面临前所未有的挑战。世界又一次站在历史的十字路口，何去何从取决于各国人民的抉择。无论世界风云如何变化，中国始终坚持维护世界和平、促进共同发展的外交政策宗旨，更加坚定不移地坚持深化改革开放，让中国的发展更好地依托世界的发展，让中国的发展为世界发展提供更加强劲的动力。

一、构建对话不对抗、结伴不结盟的国与国交往新模式

进入新时代，在推动构建人类命运共同体过程中，中国坚持多边主义立

场，积极发展全球伙伴关系，扩大同各国的利益交汇点，整体推进大国、周边、发展中国家外交和多边合作，打造更加富有非排他性、包容性和建设性的全球伙伴关系。这种新型的国与国之间的关系，就是要秉承相互尊重、公平正义、合作共赢原则，走出一条对话而不对抗、结伴而不结盟的国与国交往的新路径。

习近平总书记指出，世界上不存在高人一等的国家，不存在放之四海而皆准的国家治理模式，不存在由某个国家说了算的国际秩序。中国始终坚持国家不分大小、强弱、贫富一律平等，尊重各国人民自主选择的发展道路和社会制度，深化拓展平等、开放、合作的全球伙伴关系，扩大同各国利益的汇合点，不断完善我国全方位、多层次、立体化的外交布局，打造覆盖全球的“朋友圈”。

大国之间和睦才能世界和平，大国相互合作才有全球发展。中国是大国稳定与协作的促进者，是促进世界和平发展的重要力量。2019 年，中国国家主席习近平对俄罗斯进行历史性访问，两国元首共同宣布发展中俄新时代全面战略协作伙伴关系，签署关于加强当代全球战略稳定的联合声明，中俄全面战略协作更加稳固，成为大国关系的典范。2021 年中俄双边货物贸易额 1400 亿美元，连续三年突破千亿美元大关。中国在俄罗斯外贸中的占比进一步提升，连续 12 年稳居俄罗斯第一大贸易伙伴国地位。

中美关系牵动世界目光，关乎世界整体利益。当前，中美关系经历建交 40 多年来最严峻局面。面对美国反华势力的霸凌挑衅，中方开展有理有利有节的斗争，坚定维护国家主权、安全、发展利益，坚定维护国际关系准则和国际公平正义，坚定维护世界各国特别是广大发展中国家的正当权益。同时，中方保持对美政策的稳定性和连续性，以坚定和冷静的态度，建设性处理和管控分歧，努力维护国际体系的战略稳定。

中欧利益纽带更加紧密，双方强化协调合作，增进彼此互信，坚定维护多边主义，共同应对全球挑战。2020 年，双方如期完成中欧投资协定谈判，为中欧全面战略伙伴关系增添时代内涵。2021 年 2 月，中国—中东欧国家领导人峰会达成的务实合作文件近 90 份，总价值近 130 亿美元，创历史之最。据统计，截至 2022 年 1 月底，中欧班列累计开行突破 5 万列、运送货物超 455 万标箱、货值达 2400 亿美元，通达欧洲 23 个国家 180 个城市，成为助力“一带一路”沿线各国抗疫的“钢铁驼队”。

朋友越走越近，邻居越走越亲。中国与周边国家唇齿相依、命运与共，相互以德为邻，是共同发展繁荣之基。近年来，中国坚持与邻为善、以邻为伴，坚持睦邻、安邻、富邻，提出“亲、诚、惠、容”的周边外交理念，不断深化同周边国家的互利合作和互联互通。中国同东盟关系进入全方位发展新阶段。2020 年 7 月，“中国 + 中亚五国”通过视频方式举行首次外长会晤。会议通过并发表了《“中国 + 中亚五国”外长视频会议联合声明》，各方就推进中国同中亚国家合作、促进地区和平发展达成 9 点重要共识。2020 年 11 月，中国与东盟 10 国、日本、韩国、澳大利亚、新西兰正式签署了《区域全面经济伙伴关系协定》（RCEP）。这标志着当前世界上人口最多、经贸规模最大、最具发展潜力的自由贸易区正式启航。2021 年 3 月，中国完成核准，成为率先批准协定的国家。2022 年 1 月 1 日，区域全面经济伙伴关系协定正式生效。

广大发展中国家是中国在国际事务中的天然同盟军。2013 年 3 月，中国国家主席习近平访问非洲时，首次提出“真实亲诚”的对非工作理念。秉持正确义利观和真实亲诚理念，中国同发展中国家的团结合作不断加强。2018 年是中国外交的“南南合作年”，从中拉、中阿到中非合作论坛，中国同发展中国家集体对话实现了全覆盖。2018 年 9 月，中非合作论坛北京峰会成功召开，习近平提出“不干预非洲国家探索符合国情的发展道路，不干涉非洲内政，不把自己的意志强加于人，不在对非援助中附加任何政治条件，不在对非投资融资中谋取政治私利”等“五不”原则，树立了中国对非合作的自律标杆，展示了国际发展合作的道德准则。2018 年 1 月，中拉论坛第二届部长级会议就支持和参与“一带一路”倡议发表特别声明，制定 2019 年至 2021 年中国与拉美和加勒比国家共同体成员国优先领域合作共同行动计划。2022 年 12 月，中国外交部公布的《新时代的中阿合作报告》指出，中国愿以首届中阿峰会召开为契机，与阿拉伯国家一道弘扬中阿传统友好，不断充实和深化中阿全方位、多层次、宽领域合作格局，携手构建面向新时代的中阿命运共同体，开启南南合作关系崭新时代。

国际上的事由大家共同商量着办，世界前途命运由各国共同掌握，这是多边主义的核心要义。在国际舞台上，从二十国集团领导人峰会到中法全球治理论坛，从圣彼得堡国际经济论坛到金砖国家领导人会晤、亚洲文明对话大会，中国积极倡导和践行多边主义，毫不动摇维护以联合国为核心的国际体系、以国际法为基础的国际秩序，倡导共商共建共享的全球治理观，发出践行多边主义、抵制单边主义、反对霸权主义的正义之声。

在世界百年未有之大变局下，中国顺应时代发展的潮流，推动全球治理体系朝着更加公正合理的方向发展，成为当今世界乱象中的中流砥柱。

二、高质量共建“一带一路”

一花独放不是春，百花齐放春满园。推动世界繁荣发展，是各国人民共同的愿望。在全球贸易保护主义和单边主义上升、逆全球化思潮抬头的背景下，中国推动共建“一带一路”，以实际行动践行大国担当精神和胸怀天下的情怀。

2000多年前，中国人筚路蓝缕，穿越草原沙漠，开辟出联通亚欧非的陆上丝绸之路。与此同时，那时的中国人还扬帆远航，穿越惊涛骇浪，闯荡出连接东西方的海上丝绸之路。这就是古丝绸之路的源头。万里丝路，千年梦萦。2013年秋，中国国家主席习近平提出了共建丝绸之路经济带和21世纪海上丝绸之路的倡议。2013年11月，“推进丝绸之路经济带、海上丝绸之路建设，形成全方位开放新格局”作为一项重大决策部署，写入由党的十八届三中全会审议通过的《中共中央关于全面深化改革若干重大问题的决定》。2014年6月，中国国家主席习近平在中国—阿拉伯国家合作论坛第六届部长级会议上首次正式使用“一带一路”的提法，并对丝绸之路精神和“一带一路”建设应该坚持的原则作出系统阐述。“一带一路”建设作为一种全新的合作模式和共同繁荣发展的方案正式提出。

伴随“一带一路”倡议的提出，“一带一路”建设规划也随即展开。2014年11月，“加强互联互通伙伴关系”东道主伙伴对话会在北京举行，中国国家主席习近平提出以亚洲国家为重点方向、以经济走廊为依托、以交通基础设施为突破、以建设融资平台为抓手、以人文交流为纽带的合作建议，指出互联互通是要建设全方位、立体化、网络状的大联通，是生机勃勃、群策群力的开放系统，进一步指明了“一带一路”建设的方向和路径。2015年3月，国家发展改革委、外交部、商务部联合发布了《推动共建丝绸之路经济带和21世纪海上丝绸之路的愿景与行动》，涵盖“一带一路”建设的时代背景、共建原则、框架思路、合作重点、合作机制等八大方面，坚持共商、共建、共享原则，努力实现政策沟通、设施联通、贸易畅通、资金融通、民心相通。至此，“一带一路”国际合作平台，以更清晰的轮廓展现在世人面前。

“一带一路”建设是中国扩大开放的重大战略举措，更是探索全球治理新模式、推动构建人类命运共同体的新平台，引起世界的普遍关注和响应。2017

年5月，首届“一带一路”国际合作高峰论坛在北京召开。中国国家主席习近平出席开幕式并发表主旨演讲，强调要将“一带一路”建成和平之路、繁荣之路、开放之路、创新之路、文明之路。29个国家的元首和政府首脑出席论坛，140多个国家、80多个国际组织的1600多名代表参会。领导人圆桌峰会发表了联合公报，为推动各方合作共建“一带一路”取得广泛共识。

截至2021年年底，中国已与147个国家、32个国际组织签署200多份共建“一带一路”合作文件，各方面工作取得积极进展。这再次说明，世界上大多数国家通过合作谋求发展的共识更加凝聚，寄望于“一带一路”合作增进人民福祉的愿望更加强烈。“一带一路”倡议，正以其推动世界共同繁荣发展的实际效果，赢得越来越多国家的支持。

随着“一带一路”倡议推进，沿线上一条条公路铁路、一处处桥梁隧道、一片片工厂园区、一座座医院学校在共建国纷纷落成，“一带一路”百花园呈现出勃勃生机，为全球经济复苏注入强心剂，发挥了不可替代的作用。

“一带一路”为世界合作抗疫提供有力支撑。新冠肺炎疫情暴发以来，中国秉持人类命运共同体理念，发挥全球抗疫物资最大供应国作用，向“一带一路”沿线国家提供力所能及的物资和技术援助，先后向世界绝大多数国家和国际组织提供大批紧急抗疫物资援助。当前疫情未结束，中国企业已与多个国家合作开展疫苗合作，并已取得重要进展。中国已多次表示，疫苗研发完成并投入使用后将作为全球公共产品，为疫苗在发展中国家的可及性和可负担性作出贡献，而“一带一路”合作伙伴必将从中受益。

“一带一路”为世界经济发展注入强劲动力。在全球经济衰退的大背景下，中方与“一带一路”伙伴国家的贸易投资合作却实现逆势增长。2021年，中国与沿线国家货物贸易额11.6万亿元，创8年来新高，同比增长23.6%，占中国外贸总额的比重已达到30%左右。2021年，中国对“一带一路”沿线国家直接投资1384.5亿元，同比增长7.9%，占对外投资总额的比重达14.8%；沿线国家企业对中国直接投资首次超百亿美元，达112.5亿美元，折合人民币742.8亿元。中国与沿线国家之间贸易和投资的提升推动了产业的集聚发展，创造了就业，带来了税收，有效拉动了各国的经济增长。

“一带一路”为世界各国互联互通创造更多发展机遇。作为共建“一带一路”的主线，互联互通在打破制约经济发展瓶颈、带动相关产业发展、增强各国发展动力方面有着重要作用。近年来，“一带一路”在加快基础设施联通方面持续发力。截至2021年年底，中国企业在沿线国家承包工程完成营业额5785.7亿元，占对外承包工程总额的57.9%。一批“小而美”的减贫、卫生、教育、体育等民生领域援助项目落地见效，援非洲疾控中心等项目顺利实施，中国老挝铁路全线隧道实现贯通，印度尼西亚雅万高铁建设实现节点目标，巴基斯坦拉合尔橙线项目运营通车……一批重大项目进展顺利。正如塞尔维亚前外长武克·耶雷米奇所说，疫情造成人与人、国与国之间暂时的物理隔阂，而“一带一路”倡议恰恰在推动人与人之间、社会与社会之间的联结。在新发展格局下，中国坚持创新驱动发展，全面塑造发展新优势，寻求经济高质量发展，这一发展思路符合沿线国家提升经济发展水平，孵化新经济增长点的需求，将更好对接各国发展战略。未来，沿线国家还有望在智慧城市、5G、人工智能等领域打造更多新的合作亮点，共建后疫情时代的“数字丝绸之路”。

时至今日，“一带一路”倡议得到越来越多国家的欢迎，已经成为世界上最受青睐的公共产品和最大规模的合作平台，成为推动世界共同繁荣发展的合作平台。

“一带一路”让所有参与方获得了实实在在的好处，受到越来越多国家和地区的认同和欢迎。但国际上也出现了一些杂音，有的妄称这是“中国版马歇尔计划”，也有的将其抹黑为“新殖民主义”。事实不容扭曲，公道自在人心。正如联合国秘书长古特雷斯所说，共建“一带一路”倡议与联合国2030年可持续发展议程方向高度一致，都是向世界提供的公共产品。中国人民为人类和平与发展作贡献的真诚愿望和实际行动，任何人都不应该误读，更不应该曲解。

进入新时代以来，中国坚定不移致力于走和平发展道路，推动构建新型国际关系，积极构建全球伙伴关系网络，参与全球治理体系改革和建设，推动共建“一带一路”，倡导构建人类命运共同体，得到了世界上绝大多数国家的高度认可。世界好，中国才能好；中国好，世界才更好。面对未来，中国将一如既往为世界和平、发展、繁荣作出贡献。

三、始终不渝走和平发展道路

走和平发展道路，是我们党根据时代发展潮流和我国根本利益作出的战略抉择。只有坚持走和平发展道路，只有同世界各国一道维护世界和平，中国才能实现自己的目标，才能为世界作出更大贡献。

这些年来，随着中国快速发展，国际上有些人担心中国会走“强国必霸”的路子，提出所谓的“中国威胁论”，这既是认知上的误读，又是根深蒂固的偏见。事实胜于雄辩。近年来，作为联合国安理会常任理事国之一，中国积极参与联合国各领域工作，推动和平解决国际争端。

在世界百年未有之大变局下，国际安全形势不稳定性不确定性增加，联合国维和行动受制约因素日趋增多，职能任务日趋繁重，安全环境日益复杂，面临多重挑战和考验。对此，中国充分发挥安理会常任理事国作用，坚定支持和参与联合国维和行动，履行守护和平的庄严承诺，给冲突地区带去更多信心，让当地人民看到更大希望，永远做世界和平的建设者、全球发展的贡献者、国际秩序的维护者。

中国是联合国维和行动所有出兵国中组建维和待命部队数量最多、分队种类最齐全的国家。中国军队实现了派遣维和人员从无到有、兵力规模从小到大、部队类型从单一到多样的历史性跨越。2015 年，中国国家主席习近平向全世界庄严作出支持联合国维和行动的 6 项承诺。作出承诺需要底气，兑现承诺体现担当。2017 年 9 月，中国军队完成 8000 人规模维和待命部队在联合国的注册工作，包括 10 类专业力量的 28 支分队严阵以待，蓄势待发。中国维和待命部队按照联合国标准严格施训，是一支训练有素、装备精良、纪律严明的专业力量。中国以实际行动践行了维护世界和平的庄严承诺，向全世界展现了中国热爱和平、勇于担当的负责任大国形象，为构建人类命运共同体作出了不懈努力和突出贡献。

中国在世界局部地区大规模冲突中，始终秉持公正立场劝和促谈。针对 2022 年俄乌冲突，中国提出两个应该优先处理的事项。第一个是要劝和促谈，俄乌冲突爆发后，中国一直同俄乌双方保持着密切的沟通，并在冲突发生第二天就向俄罗斯总统普京提出了意愿：希望俄乌双方尽早和谈。同时，中国积极与国际社会一道开展斡旋，为冲突双方和谈发挥建设性作用。中国的做法体现了一个负责任大国应有的态度。相反，美英等国表面反战、暗地里促战的手段，使俄乌冲突迟迟无法缓和。第二个是防止出现大规模人道主义危机。中国在近代曾饱受战乱，深知平民才是受战争迫害最深的群体。虽然俄乌冲突爆发，作为进攻方的俄军保持了相当的克制态度，但是枪弹无眼，随着战火蔓延到大城市，治安失效、生活必需品供应中断、难民流离失所等问题都应该得到重视。而西方国家却极少关注乌克兰平民的生存问题，这已经从侧面展现出西方国家的冷漠态度。

为推动世界持久和平，中国还积极参与全球治理体系改革和建设。随着国际力量对比消长变化和全球性挑战日益增多，加强全球治理、推动全球治理体系改革和建设是大势所趋。中国是当代国际秩序参与者、维护者，也是改革者，努力为全球治理贡献中国智慧和力量。2014 年 3 月，中国国家主席习近平出席在荷兰海牙举行的第三届核安全峰会，首次提出“理性、协调、并进”的核安全观。2014 年 11 月，在北京举行的亚太经合组织第二十二次领导人非正式会议确立了共建面向未来的亚太伙伴关系，启动亚太自贸区进程，批准《亚太经合组织互联互通蓝图（2015—2025）》，在近 30 个领域共取得 100 多项合作成果。2016 年 9 月，二十国集团领导人杭州峰会上，中国引导协调各方在创新增长、结构性改革、多边投资、气候变化、可持续发展等重要问题上制定出一系列指导原则和指标体系，发表《二十国集团领导人杭州峰会公报》，核准 28 份核心成果文件，有力推动二十国集团从危机应对向长效治理机制转型。中国还成功举办了亚信上海峰会、金砖国家领导人厦门会晤等主场外交活动。

近年来，面对保护主义的抬头、单边霸凌的逆流，中国发挥大国作用，承担大国责任，支持全球化进程，坚守自由贸易体制，维护多边主义规则。从主场外交到国际会议，从政策宣示到务实举措，中国不断对外释放扩大开放的明确信号，提出构建创新、活力、联动、包容的世界，坚定地站在历史前进的正确一边，充分体现了中国的大国担当。

“和平、发展、合作、共赢”是不可扭转的历史必然趋势

马克思、恩格斯说过，各民族的原始封闭状态由于日益完善的生产方式、交往以及因交往而自然形成的不同民族之间的分工消灭得越是彻底，历史也就越是成为世界历史。历史和现实日益证明这个判断的科学价值。今天，人类交往的世界性比过去任何时候都更加深入、更加广泛，各国相互联系和彼此依存比过去任何时候都更加频繁、更加紧密，和平、发展、合作、共赢的历史潮流不可阻挡。

与此同时，全球发展深层次矛盾也日益突出，尤其是 2022 年 2 月爆发的俄乌冲突，令本已动荡的世界罩上了一层阴影。事实上，当今世界处于百年未有之大变局加速演进中，人类面临许多共同的风险和挑战。霸权主义、强权政治和新干涉主义有所上升，保护主义、单边主义不断抬头，战乱恐袭、饥荒疫情此伏彼现，传统安全和非传统安全问题复杂交织，世界充满不确定性。人们对人类的未来感到担忧，希望有新的智慧提供新的解决方案。中国作为一个负责任大国，始终秉持“和平、发展、合作、共赢”的理念，倡导各国共同构建人类命运共同体，推动世界走向和平、发展与繁荣的未来。

一、世界是不可分割的命运共同体

“建设一个什么样的世界、如何建设这个世界”是人类社会永恒的命题。

2015年9月，国家主席习近平在第七十届联合国大会的讲话中，强调各国携手构建合作共赢新伙伴，同心打造人类命运共同体。2017年1月，习近平主席在联合国日内瓦总部发表演讲，倡导各国共同构建人类命运共同体，坚持对话协商、共建共享、合作共赢、交流互鉴、绿色低碳，建设持久和平、普遍安全、共同繁荣、开放包容、清洁美丽的世界。在世界百年未有之大变局背景下，构建人类命运共同体重大倡议，深刻回答了世界向何处去、人类应怎么办的重大命题，在历史转折关头彰显出璀璨的真理光芒，指引着中国和世界前进的正确方向。构建人类命运共同体，是习近平新时代中国特色社会主义思想，特别是习近平外交思想的重要组成部分，不仅写入党章和宪法，而且多次写入联合国等国际组织文件，反映了中国人民和各国人民的共同心声，凝聚着国际社会的广泛共识，其深远影响随着中国和世界的发展进一步彰显。

近年来，世界大变局加速演进，世界之变、时代之变、历史之变正以前所未有的方式展开。新冠肺炎疫情影响深远，逆全球化思潮抬头，单边主义、保护主义明显上升，世界经济复苏乏力，局部冲突和动荡频发，全球性问题加剧，世界进入新的动荡变革期。和平赤字、发展赤字、安全赤字、治理赤字加重，恃强凌弱、巧取豪夺、零和博弈等霸权霸道霸凌行径危害深重，人类社会面临前所未有的挑战，世界人民对和平、发展、合作、共赢的期待更加强烈，构建人类命运共同体的历史远见和时代意义更加凸显。

面对国际形势新动向新特征，习近平总书记提出一系列重要新理念新倡议，深刻阐述积极应对全球性挑战的中国主张和中国方案，不断丰富完善构建人类命运共同体的思想体系，深刻体现了中国同各国一道建设更加美好世界的坚定决心和使命担当。

一是弘扬和平、发展、公平、正义、民主、自由的全人类共同价值，强调文明多样性是世界发展的活力和动力之源，倡导尊重各国人民自主选择发展道路和制度模式的权利，摒弃傲慢和偏见，反对冷战思维、以意识形态划线、搞零和博弈，促进不同文明和社会制度相互包容、交流对话、和谐共生。我们倡议并推动同多个国家和地区构建双边及区域性命运共同体，倡议构建一系列领域性命运共同体，积极搭建文明对话、政党交流、民间外交等互学互鉴平台，以实际行动打造践行全人类共同价值的样板。

二是提出全球发展倡议，强调坚持以人民为中心的发展思想，把促进发展、保障民生置于全球宏观政策的突出位置，落实联合国 2030 年可持续发展议程，加强宏观政策协调，推动建设开放型世界经济，促进全球平衡、协调、包容发展，共同构建全球发展命运共同体。我们秉持新发展理念，加快构建新发展格局，推动高质量发展，稳步推进共建“一带一路”，积极开展减贫、缓债、防灾减灾等国际发展合作，为各国分享中国机遇创造有利条件，为促进世界经济企稳复苏和实现共同发展注入中国力量。

三是提出全球安全倡议，强调安全是发展的前提，人类是不可分割的安全共同体，倡导坚持共同、综合、合作、可持续的安全观，坚持尊重各国主权、领土完整，遵守联合国宪章宗旨和原则，重视各国合理安全关切，通过对话协商以和平方式解决国家间分歧和争端，统筹维护传统领域和非传统领域安全。我们在俄乌冲突以及一系列国际和地区热点问题上独立自主地发挥建设性作用，积极参加联合国维和行动，致力于同直接当事国通过协商谈判解决领土主权和海洋权益争议，共同营造和维护安全的发展环境。

四是提出全球文明倡议。全球文明倡议，就是共同倡导尊重世界文明多样性，共同倡导弘扬全人类共同价值，共同倡导重视文明传承和创新，共同倡导加强国际人文交流合作。这是中国继全球发展倡议、全球安全倡议之后提出的又一国际公共产品。当今世界不同国家、不同地区各具特色的现代化道路，植根于丰富多样、源远流长的文明传承。人类社会创造的各种文明，都闪烁着璀璨光芒，为各国现代化积蓄了厚重底蕴、赋予了鲜明特质，并跨越时空、超越国界，共同为人类社会现代化进程作出了重要贡献。当前，极少数西方国家鼓噪“文明优劣论”“文明冲突论”“制度对抗论”，一些国家热衷搞“小圈子”，挑起意识形态对抗。全球文明倡议强调要以文明交流超越文明隔阂、文明互鉴超越文明冲突、文明包容超越文明优越，不将自己的价值观和模式强加于人，不搞意识形态对抗，这些都具有重大现实意义。

五是践行真正的多边主义，致力于稳定国际秩序，维护以联合国为核心的国际体系、以国际法为基础的国际秩序、以联合国宪章宗旨和原则为基础的国际关系基本准则，反对单边主义、保护主义、霸权主义、强权政治，推动国际关系民主化和法治化，推动全球治理体系朝着共商共建共享的方向发展。我们在国际事务中仗义执言，推动提升广大发展中国家代表性和发言权，坚决反对干涉别国内政和搞单边制裁施压，深化拓展新兴市场国家和发展中国家团结合作的机制平台，引领国际秩序发展的正确方向。

六是推动建设人类卫生健康共同体，强调人民生命安全和身体健康是人类发展进步的前提，坚定信心、同舟共济是战胜新冠肺炎疫情的唯一正确道路，倡导各国相互支持，加强防疫措施协调，完善全球公共卫生治理，形成应对疫情强大国际合力，弥补国际“免疫鸿沟”，共同守护人类生命健康。我们积极开展抗疫国际合作，发起新中国成立以来最大规模的全球紧急人道主义行动，向众多国家提供物资援助、医疗支持、疫苗援助和合作，为实现疫苗在发展中国家的可及性和可负担性作出重要贡献。

在构建人类命运共同体理念的指引下，新时代中国特色大国外交积极开拓进取，勇于担当作为，坚定捍卫国家主权、安全、发展利益，维护国际公平正义，推动构建新型国际关系，积极建设覆盖全球的伙伴关系网络，积极参与全球治理体系改革和建设，为国家发展和民族复兴营造良好外部环境，为维护世界和平稳定和发展繁荣作出新的重要贡献，我国国际影响力、感召力、塑造力显著提升。

二、建设持久和平、普遍安全、共同繁荣、开放包容、清洁美丽的世界

秉持“和平、发展、合作、共赢”的理念，构建人类命运共同体，是中国特色大国外交砥砺前行的光辉旗帜和崇高目标，也是世界各国携手努力的共同愿景和前进方向。党的二十大报告指出：中国人民愿同世界人民携手开创人类更加美好的未来。新时代以来，中国始终坚持以习近平新时代中国特色社会主义思想为指导，深入贯彻习近平外交思想，坚定信心、锐意进取，致力于服务中华民族伟大复兴、推动构建人类命运共同体，为促进世界和平与发展作出重大贡献。

构建人类命运共同体，是关乎世界各国的共同利益，需要世界各国共同参与。正如习近平总书记指出，我们要与世界各国同心协力，构建人类命运共同体，建设持久和平、普遍安全、共同繁荣、开放包容、清洁美丽的世界。这反映了人类社会共同价值追求，符合中国人民和世界人民的根本利益。

第一，坚持协商对话，推动建设一个持久和平的世界。中国坚定不移走和平发展道路，在国际事务中始终根据事情本身的是非曲直决定自己的立场和政策，坚定维护国际关系基本准则，维护国际公平正义。同各国人民一道探索全人类共同价值的实现形式，推动各国坚持相互尊重、公平正义、合作共赢原则，共同走和平发展道路，走对话而不对抗、结伴而不结盟的国与国交往新路。坚持国家不分大小、强弱、贫富一律平等，尊重各国主权和领土完整，尊重各国人民自主选择的发展道路和社会制度。推动以对话弥合分歧、以谈判化

解争端，坚决反对一切形式的霸权主义和强权政治，反对冷战思维，反对干涉别国内政，反对搞双重标准。

第二，坚持共建共享，推动建设一个普遍安全的世界。坚持真正的多边主义，推动全球治理朝着更加公正合理的方向发展。坚定维护以联合国为核心的国际体系、以国际法为基础的国际秩序、以联合国宪章宗旨和原则为基础的国际关系基本准则，反对一切形式的单边主义，反对搞针对特定国家的阵营化和排他性小圈子。推进国际关系民主化，增强新兴市场国家和发展中国家在全球事务中的代表性和发言权。积极参与全球治理体系改革和建设，践行共商共建共享的全球治理观，促进各国权利平等、机会平等、规则平等。推动世界贸易组织、亚太经合组织等多边机制更好发挥作用，扩大金砖国家、上海合作组织等合作机制影响力。推动落实全球发展倡议、全球安全倡议，积极参与应对气候变化全球治理，参与全球安全规则制定，加强国际安全合作。

第三，坚定奉行互利共赢的开放战略，推动建设一个共同繁荣的世界。坚持对外开放的基本国策，以高水平对外开放助力构建新发展格局、实现高质量发展，以中国新发展为世界提供新机遇。增强国内国际两个市场两种资源联动效应，提升贸易投资合作质量和水平，推动共建“一带一路”高质量发展，深度参与全球产业分工和合作，维护多元稳定的国际经济格局和经贸关系。坚持经济全球化正确方向，推动建设开放型世界经济，推动贸易和投资自由化便利化，扩大面向全球的高标准自由贸易区网络。促进国际宏观经济政策协调，共同营造有利于发展的国际环境，共同培育全球发展新动能，反对保护主义，反对“筑墙设垒”“脱钩断链”，反对单边制裁、极限施压。积极开展国际发展合作，致力于缩小南北差异，坚定支持和帮助广大发展中国家加快发展。

第四，深化文明交流互鉴，推动建设一个开放包容的世界。坚持世界是丰富多彩的、文明是多样多元的，弘扬全人类共同价值，倡导平等、互鉴、对话、包容的文明观，促进各国人民相知相亲，推动建设开放包容、美美与共的世界。坚持和而不同、兼收并蓄，反对以意识形态划线，推动以文明交流超越文明隔阂、文明互鉴超越文明冲突、文明共存超越文明优越，使文明交流互鉴成为增进人民友谊的桥梁、推动人类进步的动力、维护世界和平的纽带。推动中华文化更好走向世界，增强中华文明传播力影响力。加快构建中国话语权和中国叙事体系，讲好中国故事，传播好中国声音，展现可信可爱可敬的中国形象。加强国际传播能力建设，全面提升国际传播效能，形成同我国综合国力和国际地位相匹配的国际话语权。

第五，坚持绿色低碳，推动建设一个清洁美丽的世界。生态文明建设关乎人类的未来，建设美丽家园是人类的共同梦想。倡导加快绿色低碳转型，实现绿色复苏发展，完善全球环境治理，积极应对气候变化，促进高水平的全球经济社会可持续发展，共同寻求人与自然共生共存的绿色之路，建设生态文明和美丽星球。我们宣布力争于2030年前实现碳达峰、2060年前实现碳中和目标，大力推动建设绿色丝绸之路，加大援助实施绿色环保和应对气候变化项目，为全球应对气候变化作出更大贡献；中国率先出资15亿元人民币，成立昆明生物多样性基金，共同促进全球生态文明建设。

此外，中国始终在坚持和平共处五项原则基础上，同各国发展友好合作，深化拓展平等、开放、合作的全球伙伴关系。不断完善全方位、多层次、立体化外交布局，致力于扩大同各国利益的汇合点，推动建立基于共同利益和共同追求的伙伴关系，建立共同而非排他的朋友圈。促进大国协调和良性互动，推动构建和平共处、总体稳定、均衡发展的大国关系格局。坚持亲诚惠容和与邻为善、以邻为伴的周边外交方针，深化同周边国家友好互信和利益融合。秉持真实亲诚理念和正确义利观，加强同发展中国家团结合作，维护发展中国家共同利益。在独立自主、完全平等、互相尊重、互不干涉内部事务原则基础上，加强中国共产党同各国政党和政治组织的交流合作，积极推进人大、政协、军队、地方、民间等各方面对外交往。

世界好，中国才能好；中国好，世界才更好。世界各国只有坚持对话协商、共建共享、合作共赢、交流互鉴、绿色低碳，携手构建人类命运共同体，才能有效应对各种风险挑战，才能建设一个持久和平、普遍安全、共同繁荣、开放包容、清洁美丽的世界。建设这样的美好世界，反映了人类社会的共同价值追求，汇聚了世界各国人民对和平、发展、繁荣向往的最大公约数。中国始终做世界和平的建设者，始终做全球发展的贡献者，始终做国际秩序的维护者，同世界各国一道，齐心协力、不懈奋斗，推动构建人类命运共同体，携手开创人类更加美好的未来。

参考文献

1. 习近平:《高举中国特色社会主义伟大旗帜为全面建设社会主义现代化国家而团结奋斗：在中国共产党第二十次全国代表大会上的报告》，人民出版社 2022 年版。

2.《党的二十大报告辅导读本》，人民出版社 2022 年版。

3. 中国共产党中央委员会党史和文献研究院:《习近平关于中国特色大国外交论述摘编》，中央文献出版社 2020 年版。

4.《〈中共中央关于党的百年奋斗重大成就和历史经验的决议〉辅导读本》，人民出版社 2021 年版。

5. 中共中央宣传部、中华人民共和国外交部:《习近平外交思想学习纲要》，人民出版社 2021 年版。

思考题

1. 中国为推动世界和平与发展作出了哪些贡献？

2. 中国提出的全球文明倡议主要内容及意义是什么？

3. 如何构建一个持久和平、普遍安全、共同繁荣、开放包容、清洁美丽的世界？

4. 近年来中国提出了哪些全球治理新理念？